工薪族
理财宝典

理财需要
个性化方案

公子京◎著

中国铁道出版社有限公司
CHINA RAILWAY PUBLISHING HOUSE CO., LTD.

图书在版编目（CIP）数据

工薪族理财宝典：理财需要个性化方案 / 公子京著.
北京：中国铁道出版社有限公司， 2024. 10. -- ISBN
978-7-113-30865-0

Ⅰ. F830.59-49

中国国家版本馆 CIP 数据核字第 2024KE7218 号

书　　名：**工薪族理财宝典——理财需要个性化方案**
　　　　　GONGXINZU LICAI BAODIAN: LICAI XUYAO GEXINGHUA FANG'AN

作　　者：公子京

责任编辑：张亚慧　　　编辑部电话：（010）51873035　　　电子邮箱：lampard@vip.163.com
封面设计：宿　萌
责任校对：刘　畅
责任印制：赵星辰

出版发行：中国铁道出版社有限公司（100054，北京市西城区右安门西街 8 号）
印　　刷：三河市宏盛印务有限公司
版　　次：2024 年 10 月第 1 版　　2024 年 10 月第 1 次印刷
开　　本：710 mm×1 000 mm 1/16　印张：10.5　字数：192 千
书　　号：ISBN 978-7-113-30865-0
定　　价：69.00 元

　　悲欢大事都不相通，像理财这种小事儿则更不一样了。

　　张三，刚毕业，收入不高，每月工资要交房租，要吃饭穿衣，加上通勤费用，工资实在是剩不下太多。

　　李四，准备结婚，和老婆一起攒了几年的积蓄，也不够交新房的首付，只得跟父母寻求帮助，凑齐首付后还要每月还房贷，夫妻二人需要更加努力工作。

　　王五，刚生了女儿，父母帮忙带孩子，家里显得拥挤。这些年存下了一些钱，是换个大房子，还是先忍一忍，用钱做投资呢？

　　赵六，孙子刚上小学，自己也临近退休，忙活了大半辈子，总算可以享清福了，手里存了几十万元，又担心存款会贬值，买点儿什么理财产品能保本增值呢？

　　…………

　　其实，这种不相通不仅体现在空间上，即不同人群或者家庭之间，还体现在时间上，一个人在生命的不同阶段，要面对的情况亦有分别。

　　以我个人为例，个人理财的经历大致可分为以下三段。

　　第一阶段：刚毕业到 2016 年决定卖房前，可谓是懵懂期。从小没接受过财商教育的我，在理财方面，一样是纯粹的小白。这时，我拿着的是打工人的剧本，工作、攒钱、买房。过程中跟着别人炒股，有亏有赚，也上过当，亏了 3 万元。最终，在工作变动、债务压力太大之后，进入了第二阶段。

　　第二阶段：求变期，大概从 2016 年卖房到 2020 年辞职。这期间有三条主线。

　　一是求知。财商类的书我基本上都看了一遍，再加上某知识付费平台上的各类课程，理财这行总算入了门。

　　二是工作。当时，拥有的人力资源只有我自己，于是我从原来的央企跳槽到民企，增加工作的强度和时间，以换取更高的收入。

　　三是投资。房产方面进行了置换，卖房后有了资金，我开始正式进入股市投资，获得了宝贵的经验教训。

第三阶段：从2020年初到2022年，可以称为起伏期。自2020年起，全球资产价格飙升，A股从年中开始大涨，我账户最高时浮盈超过100万元。

虽然算不上多大的成功，但我的理财投资经历还算丰富，沉淀了很多实用的投资理财知识、技巧、经验、总结和认知。

我想要把自己的所思所得写出来，帮助更多的人少走一些理财的弯路，就这么简单。

我举办过多次读书会，也在自己的公众号里推荐过书单，当时选用了五个维度的标准来判断一本书的价值，分别是：启发感、内容深度或广度、普遍适用、实用性和常读常新。

启发感方面，本书要义在于帮助大家重新认识理财。

内容深度、广度方面，很难兼具，本书致力于介绍理财的整个流程体系、前因后果，因此偏向于广度。

普遍适用是我最看重的维度，力争做到绝大多数普通人都能看懂，同时，也对大家有帮助，而不是谈些高深的理论或者纯粹自传式的说教。一开始打算写成自传体的，纯粹记录自己理财的过程，但后来还是觉得不行，对不起花钱买书的人，所以，改成了现在的轮廓。

实用性是我第二看重的方面，本书介绍的理财投资方法，都会告诉大家如何落地实施，比如，财务梳理会给出表格，投资策略会详细介绍操作流程，套利也会讲明白逻辑和操作要点。

常读常新方面，主要源于内容的深度。本书大体更适合理财小白和新手来读，当大家有了基础，进阶成为理财高手之后，自然也不再需要这本读物，而是寻找更专业、更深度的内容。

本书有两个核心理念：一是个性化，贯穿全书，正如前面所说，不同的人、人的不同阶段，所遇到的理财问题都是不同的，必须因时制宜，具体问题具体分析；二是体系化，是指我们面对理财问题时的分析框架，也是本书的写作顺序。

第一，重新定义理财的概念，刷新大家对于理财的认知。

第二，分析理财中常见的七个误区和七个常识，搭建理财大厦的基础。

第三，按照理财的正确步骤展开，分别是财务梳理、理财方案，以及理财对象，财务梳理的目的是搞清楚现状，理财方案的作用是确定需求，理财对象则需要根据方案进行匹配，是理财的最后一步。

第四，投资和套利体系的分享，可谓是投资套利的小小"武器库"，因为简单易懂、风险可控，适合普通人来理解和操作。

第五，是我个人最近几年投资历程的总结和反思，毕竟光说不练假把式，理论结合实际、实事求是才能求得真理。

书中涉及一些复杂的数据计算和理论知识，我会用简练的语言给大家讲清楚，同时书中也会辅以很多生活中的案例，帮助大家理解。

理财规划是个性化的，一定会因人而异；理财的目的又是一致的，都是为了更好地生活。

作　者
2024 年 6 月

| 目　　录 |

第 1 章　重新定义理财 / 1

1.1　理　　财 / 2

　　1.1.1　理财：更好的生活 / 2

　　1.1.2　投资：资产增值 / 4

1.2　理财新方向：个性化 / 6

第 2 章　理财需知的七个误区 / 8

2.1　等有钱了再理财 / 9

2.2　年化收益率有用吗 / 11

2.3　复利的力量 / 15

2.4　信用卡账单里的秘密 / 18

2.5　给我推荐几只股票吧 / 21

2.6　炒股赚钱的人到底多不多 / 24

2.7　财务自由需要一个亿吗 / 27

第 3 章　理财必备的七个常识 / 31

3.1　为什么钱可以生钱 / 32

3.2　要知道自己买的是什么 / 34

3.3　到底什么是风险 / 37

3.4　杠杆是把双刃剑 / 39

3.5　宏观经济分析有没有用 / 42

3.6　资产配置并不高端 / 44

3.7　基金定投真的能赚钱吗 / 46

第4章　理财三部曲之一——财务梳理　/　51

4.1　财务梳理 / 52

4.1.1　理财第一步，记账不含糊 / 52

4.1.2　制作家庭财务报表 / 54

4.1.3　房子，资产还是负债 / 59

4.2　分析规划 / 60

4.2.1　重点指标分析 / 61

4.2.2　提高财务自由度 / 63

4.2.3　资金规划 / 64

第5章　理财三部曲之二——理财方案　/　67

5.1　理财方案 / 68

5.1.1　五个指标 / 68

5.1.2　灵活保本型 / 71

5.1.3　稳健配置型 / 73

5.1.4　激进创收型 / 75

5.2　投资体系 / 77

5.2.1　预　　期 / 78

5.2.2　买　　入 / 80

5.2.3　卖　　出 / 82

5.2.4　仓　　位 / 83

第6章　理财三部曲之三——理财对象　/　85

6.1　常见品种 / 86

6.1.1　货币基金 / 86

6.1.2　黄　　金 / 87

6.1.3　债券及债券类基金 / 87

6.1.4　股票型基金 / 88

6.1.5　股权投资与小生意 / 90

6.2　进可攻退可守：可转债 / 91

　　6.2.1　简　介 / 91

　　6.2.2　债券要素 / 92

　　6.2.3　股票要素 / 93

　　6.2.4　制度红利 / 96

6.3　认识股票 / 97

　　6.3.1　刷新股票的定义 / 97

　　6.3.2　股票分红是好还是坏 / 98

　　6.3.3　股票收益的来源 / 100

　　6.3.4　如何面对股价波动 / 102

第 7 章　实用的投资和套利体系　/　104

7.1　股债平衡 5050 & 永久组合 / 105

　　7.1.1　简　介 / 105

　　7.1.2　收益回测 / 107

7.2　可转债轮动 / 109

　　7.2.1　简　介 / 109

　　7.2.2　策略评测、收益回测 / 112

7.3　大数投资 / 114

　　7.3.1　简　介 / 114

　　7.3.2　常见问题 / 117

　　7.3.3　收益回测 / 121

　　7.3.4　大数投资和可转债轮动的异同 / 122

7.4　套利体系 / 124

　　7.4.1　套利、投资、投机的区别 / 124

　　7.4.2　A 股、港股、美股打新 / 126

　　7.4.3　基金溢价折价套利 / 128

　　7.4.4　国债逆回购 / 131

第 8 章　我的经验与教训 ／ 134

8.1　2017—2019 年投资经历：试错 ／ 135

8.1.1　所谓价值投资，竟然赚了 4.2 万元 ／ 135

8.1.2　基金定投，跟投"大 V"到底行不行 ／ 138

8.2　2020—2022 年套利 ／ 142

8.2.1　港股打新的"疯狂"／ 142

8.2.2　A 股打新 ／ 143

8.2.3　基金套利是力气活 ／ 144

8.2.4　可转债抢权配债 ／ 147

8.3　投资规划与教训总结 ／ 150

8.3.1　百万投资规划 ／ 150

8.3.2　港股打新的败局反思 ／ 153

8.3.3　A 股的冰与火 ／ 153

8.3.4　三个教训 ／ 153

8.4　从头再来（A 股投资总结）／ 155

8.4.1　先看投资模式 ／ 155

8.4.2　什么是投资体系 ／ 156

8.4.3　如何面对波动 ／ 156

8.4.4　不要跟市场作对，市场永远是对的 ／ 157

8.4.5　炒股还是投资，运气还是能力 ／ 158

第 1 章

重新定义理财

1.1 理　　财

虽然理财早已不是新鲜词了，但理财到底是什么？你可能会被问住。

把钱存银行定期、买一款理财产品、贷款买房、买了某人推荐的基金，甚至直接买只股票等，这些都是理财吗？

不难发现，恰恰是这种听过无数次的词语，却很难给它一个清晰明确的定义。所以，首先要搞清楚理财的概念。

理财的官方解释为：对财务的管理。财务又包含财产和债务，简言之就是算账。

从个人和家庭的角度讲，理财是从财务上对生活的管理，包含过去、当下和未来，过去是指通过奋斗积攒的财产状况，当下是指现金流的收支情况，未来则是指准备怎样开源节流和如何投资。我把这些称为广义的理财。

而前面提到的几个项目，包括银行存款、理财产品、P2P、基金、债券、股票等，都属于投资对象。投资它们，是现有资产的处理方法。

投资，其实是狭义的理财。人们平时所说的理财，也基本上是指投资。

1.1.1 理财：更好的生活

广义的理财是指从财务角度对于生活的管理，正所谓"理财就是理生活"。我们所做出的每一个理财决定，都源自生活，是生活观和财富观的体现。比如，拿到每月的工资之后，我们是存下来，还是全部花掉，能存下来多少比例？

关于这一点，不同人之间存在着巨大的差异。

有的人是典型的月光族，更有甚者陷入信用卡的泥潭，到手的工资先偿还上个月的账单，然后，这个月的支出继续用信用卡支付，如果不够偿还上个月的账单，可能会选择账单分期，从而一步步地陷入债务陷阱。

有的人则遵循着开源节流、储蓄致富的古训，每个月都会努力结余一些钱，并致力于提高自己的储蓄率，储蓄的钱会有一部分用于投资增值，让自己的财富越滚越大。

假以时日，二者之间会产生越来越大的财富差距。比如，在购物时，会使用现金，还是用信用卡或者花呗、白条之类的工具。这一点看似没什么，但千万不要小看它，因为它映射出一个非常关键的消费观：既然我买得起，为什么要负债消费？选择用分期付款的方式购买一样东西，大概率是自己的收入水平跟这个东西并不匹配。

有的人可能会说，我是利用它们延迟支付而已，又不用付利息，但反思一下：这种延迟真的有意义吗？

自从想通了这个道理，你可能就再也不会用上述的任何一样工具了。比如，要不要买房，在哪里买房，首付比例多少，选择什么样的还款方式？

对于大城市里的很多人来说，买房可能是人生中最重要的财务决定。一是因为高昂的首付需要透支多年的积蓄，甚至还要整个家庭的支持；二是买了之后还要背上几十年的债务，不管风吹雨打，房贷始终如故。同时，买房表明要在一个城市定居，下一代也要在这里生活和成长。正因为买房对财务状况的影响太大，所以，需要慎重考虑、反复权衡才行。

比如，想要买车时，会不会算清楚车的损耗和保养费用，算完后看是否必须买，如果要买，选择什么品牌，要不要考虑自己的身份地位？房子、车子是现代人最在意的两样东西，房子多少还有些增值的属性，但车子是纯粹的消费品，买了就贬值，还需要不断支出现金流。所以，在买车上的决策也很能代表一个人的消费观（手机同理）。

假如自己有了一笔积蓄之后，不甘心它在银行里贬值，想要投资，这时会如何选择合适的理财方式？有的人笃定银行理财，有的人喜欢定期存款。有的人可能被广告忽悠，入了 P2P 或者高息理财的陷阱。也有的人看到股市、基金市场火热，要么在朋友的鼓动下买了两只股票，要么搞了一大堆明星基金，一开始赚了钱，后来增加投入后一蹶不振。

当然也有人觉得投资有风险，选择自己学习研究，买了一些关于理财投资的书籍，关注了一些可靠的自媒体，一点点形成了自己的投资策略。

上述的每一种情境，都来自真实的生活，我们的决定，也会实实在在地影响我们接下来的生活。总的来说，存在以下三种情况时会萌生理财的想法：

一是自己手里总是存不下钱，经常月光。

二是债务的压力太大，日子过得很拮据，想要改善。

三是自己慢慢有了一些积蓄，想投资使其增值。

这三个方面分别对应着消费、债务和投资。不管想法是如何萌生的，理财的目的归结起来还是为了更好的生活，那"更好"的标准是什么呢？有以下两条通用的标准：

一是资产或者现金流有稳定的增长，能提供安全感。

二是生活更加幸福，具体表现为：心态平和，知足常乐。

资产方面的共识比较容易达成，毕竟传统都说了开源节流、储蓄投资。经历过的人才会懂得存款是一个人生活的底气，名车、名包和名表都不是。

心态方面可就相差甚远了——有的人几百万元存款依旧焦虑，有的人几万元积蓄开心至极，每个人对生活的理解都不一样。但我觉得，平和知足是生活幸福的不二法门。这是一个辩证的问题，认为赚钱是为了将来更好的生活，但为了那虚无缥缈的未来，而放弃了实实在在当下的生活，是否值得？因此，可以降低对收益的预期，选择更适合自己的投资体系，心态慢慢平和下来，用更多时间感受当下的生活，收益反而可能会开始恢复。

1.1.2　投资：资产增值

狭义的理财是指投资，那么，我们为何一定要投资呢？

根据金字塔原理的方法论，这个问题可以进行拆解：投资之前，每个人手握货币现金，面临着三个选项：第一是消费，把钱花掉；第二是不动，继续放在银行；第三是将现金换成资产，包括黄金、房产或者权益类资产等。于是，问题就变成了以下两个：

一是为什么不把钱花掉，而是进行储蓄或投资？

二是为什么不能把现金留在手里或存在银行，而是要投资？

第一个问题，涉及消费和储蓄的区别。现在社会上有两个很流行但是错误的观点：收入就是财富，花掉的钱才是自己的。这种观点确实害人不浅，让很多年轻人走入了消费的怪圈。正确的观点则完全相反：收入不等于财富，存下来的钱才是自己的。

在《财富自由——平民出身的富豪积累财富的原则和方法》一书中，作者通过实地调研采访，给出了与大众直觉完全相反的结论：真正的平民富豪，都是靠减少消费、一点点将收入转化为财富的。直接把收入等价成财富，是普遍存在的一个偏见。

书中提到，许多高收入者都无法实现财务自由。比如，NBA 球星，年薪百万美元、千万美元比比皆是，但有许多球星在退役没多久就破产了，因为他们有着极高的负债。

我们在生活中，也时常可以听到某某在大城市工作、收入不菲，似乎很快就能成为富豪，但事实是，一年到头根本存不下什么钱。收入是今天带回家的钱，而财富却是明天、后天，以及以后每一天拥有的钱。

收入不等于财富，财富也不等于收入。财富应该是指所拥有的资产净值，它是一点点积累起来的。至于消费，让我们看看，美国的百万富翁都是怎么做的。作者通过衣、住、行三个方面的人口和消费统计数据说明大部分百万富翁生活节俭。比如，百万富翁购买新车的平均价格也只有 35 000 美元（约为 20 万元人民币）。相比之下，那些非百万富翁支付的价格竟然为 41 997 美元。所以，这些数据显示出的真实情况是：很多百万富翁开的只是人们眼中极其普通的非豪华汽车。

对于大部分人而言，极少有人既维持高消费的生活方式，又能在有生之年达到财务自由。要想在经济上取得成功，就必须在一定程度上限制消费。所以，我们要先储蓄，这是所有理财行为的第一步。有了钱，再谈下一个问题，也就是为何要投资而不是放在手里。

至于第二个问题，为什么我们不能一直把现金握在手里呢？长期来看，最重要的原因是：通货膨胀导致货币贬值。现在是法币社会，货币基础是政府信用。法币的不断增发，会引起通货膨胀，货币则会持续贬值，这一点基本已经是社会的共识。比如，20 世纪 80 年代的万元户还可以算是人群中的佼佼者，现在的一万元可能只是一个普通人的月薪。

图 1-1 为 1978—2018 年我国的通胀率，结果非常惊人，即使是通胀率趋于平缓的那段时间里，也达到平均 2.5% 的水平。

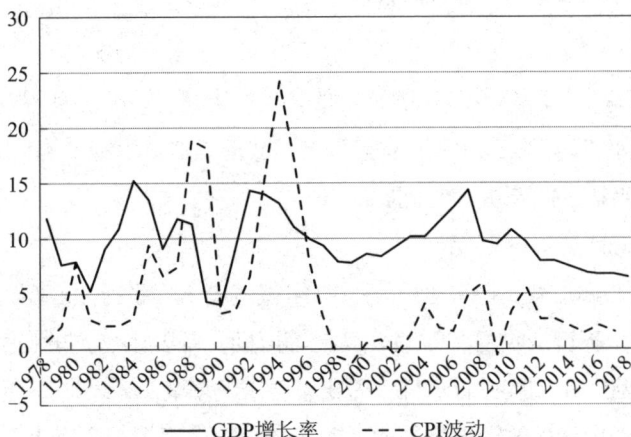

图 1-1　中国 GDP 增长率和 CPI 情况（1978—2018 年）

资料来源：《中国统计年鉴》（2017）。

这说明什么呢? 如果我们不能通过投资理财让自己的资产有超过 2.5% 的收益率, 那就是在亏钱。

2022 年下半年银行的定期存款利率只有不到 1.5%(一年定期)。对比一下通货膨胀的数值, 不难发现, 银行存款只会让现金不停贬值。

通货膨胀会对普通人的财富造成严重的侵蚀, 物价的上涨只是一方面, 如果工资水平能够同步上涨, 影响倒不会太大。最可怕的是资产价格的上涨, 房产是其中的典型,房价和房租的上涨幅度比通货膨胀速度要快得多。对于资产持有者来说, 无疑是好事, 财富净值增加、房租现金流也更多了; 但对于没有资产的绝大多数普通人, 就只能看着差距进一步拉大。

应对的思路也很简单: 让自己也拥有一些可以大幅跑赢通货膨胀的资产。

因此, 当我们积累了一定数额的现金, 如果长期不用, 还是买一些资产为好。

不过也要注意, 投资的首要目的, 应当是让自己手上的钱保值增值, 至少跑赢通货膨胀, 然后才是获取高额的收益。如果一开始就追求超高收益, 那就是本末倒置, 很容易遇到理财陷阱。

总结: 投资首先要进行储蓄, 把钱存下来而不是全部花掉, 一点点积累自己的现金资产; 然后要以资产增值、跑赢通货膨胀为基础目的, 把现金换成资产, 进行合理配置。

1.2　理财新方向: 个性化

大家如果开立过股票交易用的证券账户, 一定还记得在过程中有份调查问卷, 其中会问到诸如年龄、收入水平、有无债务、准备投资多少钱、能承受多大的风险、有几个老人或者孩子需要赡养等问题。

为什么要统计这些问题呢?

在金融从业圈, 有一个专业名词, 叫作投资者的"适当性匹配", 意思是给客户推介的产品, 不管从收益、时限、风险等层面, 都要跟客户的自身水平相匹配。所以, 这是从监管和制度设计层面, 做出了要求的事情。

又如, 办理房贷类的银行贷款时, 银行都会要求提供工资流水, 以及现有的债务情况, 从银行的角度看是为了评估客户的还款能力、降低还款风险, 一般会要求总还款金额不超过月收入的 80%。从自身的角度来看也不难发现, 还款压力不能太大,如果过大，则与自身的现状不匹配了。要是每个月都入不敷出，日子会非常难过。

另外，股票的长期价值投资被很多人奉为圭臬，他们总喜欢拿巴菲特的话来举例，比如：如果你不愿意持有一只股票 10 年，那么你连 10 分钟都不要持有。

这句话无关对错，因为它可以从很多个角度去解读。但它一定是不适用于 A 股市场的大多数人的。因为不管是 10 年不用的现金，对公司的深度理解，还是过程中的跌宕起伏，都不是大多数普通投资者可以做到或者接受的。况且 A 股本身才短短 30 余年的时间，A 股投资者中有超过 10 年投资经历的人怕是都不多。

因此，我们也一定要因地制宜，根据 A 股市场的特点，根据自己的实际情况，选择合适的理财投资方法才行。

本书倡导的理财观，其中一个底层逻辑便是因人而异，另外一个则是实事求是。其中，因人而异是指每个人的财务和生活情况都不相同，面对理财投资类的问题时，他的需求绝对不是一个单纯的产品，而是个性化地优化财务状况，找到合适投资策略的解决方案——这才是未来的大方向。而不是先有一个什么产品，比如某只新发行的股票基金，然后不管是否跟客户的需求匹配，只顾着一味地宣传销售，卖出去就是成功。客户认购之后亏得一塌糊涂，也不知道该找谁，最后实在拿不住了，割肉离场。

当然，这对整个金融行业的从业人员和行业环境都提出了更高的要求，也不是那么容易做到的。因此，作为投资者，不能仅仅指望别人，自己也要提高辨别力。我写这本书，是希望帮助更多普通人建立正确的理财观，在面对各种金融产品时，能够擦亮双眼，找到自己需要的那款。

尽管理财方案是个性化的，但很多底层的理财常识却是相通的，一些理财中的"坑"也是大同小异的。好比盖房子，上面可以随便装饰，华丽花哨，但下面的地基一定要牢固，不然就会塌房。

现实中，理财方案跟个人需求不匹配的事情固然不少，但因不知道理财常识，误入了理财坑的事情更是屡见不鲜。从各种各样精心设计过的庞氏骗局，到前些年陆续爆雷的 P2P 平台，再到各类网络理财平台的高息存款……

所以，在接下来的两章中，先详细介绍理财中的七个常识和七个误区，帮助大家打好理财"大厦"的地基。

第 2 章

理财需知的七个误区

2.1　等有钱了再理财

时常与周围的朋友聊起理财投资，听到最多的回答有两种：一是股市根本没得玩，散户肯定亏钱；二是没钱。第一个问题暂且先不讨论，认真思考第二个问题：理财或者投资需要多少钱才能开始呢？下面从四个方面给出答案。

1. 资本的要素

投资是需要资本的，钱生钱首先得有钱，这是很多人固有的观念。但我们需要深想：资本，难道指的仅仅是钱？为什么中了 500 万彩票的人，过不了多久就会挥霍一空？为什么现实中有非常多的人，手里握着一大笔钱，却投资无门，想买基金，不知道怎样买，想进入股市，又怕亏得一塌糊涂？

做一个比喻，资本像一所房子，而钱是砖头。如果只是一堆砖头摆在那里，绝对不能称为资本，需要技术将砖头排列组合、固定安装，才能建起一所房子。这里的技术是指人的投资理念。理念包括对于金钱的使用态度和投资的方法。这两点我们都需要学、需要练。

因此，资本的要素，第一是做投资的人，第二才是钱。没钱时，绝对不是不能投资了，因为还可以培养人。

2. 合格投资者

股市里确实存在相当多的人，听说牛市一来，赶紧把手中的钱拿出来，甚至借钱，一股脑儿杀进去，结果亏得血本无归，然后说股市不能投资。

在我看来，这类人并不是合格的投资者。就像他拿了一大堆砖头，根本不用水泥，直接把砖如同积木一般码成房子，这种房子不塌才怪。

究其原因，一是没有意识到资金的使用时限问题，工薪族投资一定要用闲钱，而且是那种最少三五年甚至十来年用不到的钱。

还是房子的例子，你房子还没盖好，却要把砖头撤掉，那房子还能建成？在这个基础上，借钱投资就更不可行了。

二是还不具备投资股票的智慧，以为投资股票就是赌博，用赌徒的心态和方法投资，必输无疑。

因此，我们一定懂得闲钱投资、风险控制，才能算是合格的投资者。

3. 实践出真知

要想成为合格的投资者，多看几本书或是多学学高手的投资技巧就行了？实则不然，这种事情必须要经过实践才能出真知。

你看别人跌了加仓摊平成本，似乎很简单，但真到你实操时，心态恐怕没那么轻松了，毕竟那是自己的钱。

所以，我们要实践，实践的过程就是在磨炼自己的心性。现在没有太多钱反而是好事，可以从中拿出很小一部分，提前进行投资实践。

当自己积攒了很多资金时，就可以驾轻就熟地开始投资了。如果你认定需要等有钱了再投资，到时候，你也根本不知道如何投资。

在实践阶段的投资中，我们需要重点关注的，不是投资的绝对盈亏值，而是相对比例，也就是盈亏的百分比。现在投资 1 000 元，盈利 15% 只有 150 元，亏损 20% 只有 200 元，看似盈亏值不痛不痒，但我们要假设自己有 100 万元时，盈亏比例就非常关键了。

请注意，这个阶段的实践，重点在于体验投资中涨跌的过程，并不建议在上面花费太多精力。

现在我们回答刚刚提出的问题，多少钱才能开始投资股票？结果可能出乎所有人的意料——10 元就可以！甚至不到一杯奶茶的价格。

在写本书前，我一直以为是 100 元。因为我用的基金软件申购额是 100 元起，但是没想到支付宝竟然是 10 元起。我想应该是因为支付宝的用户量足够大，所以，单笔金额可以做到更小，如图 2-1 所示。

有人会说："不对，这是基金，不是股票投资。"请注意，我选的是"中证 500 低波动"，这是一只指数基金，购买的标的是：全部 A 股中剔除沪深 300 指数成分股及总市值排在前 300 名的股票后，总市值排名靠前的 500 只股票。

简言之，投资股票不仅仅是指直接购买股票，购买股票型基金当然也算，而定投指数基金则是其中最简单可行的一种。所以，投资根本不需要太多的钱，哪怕只有 10 元就已经足够正式开始了。

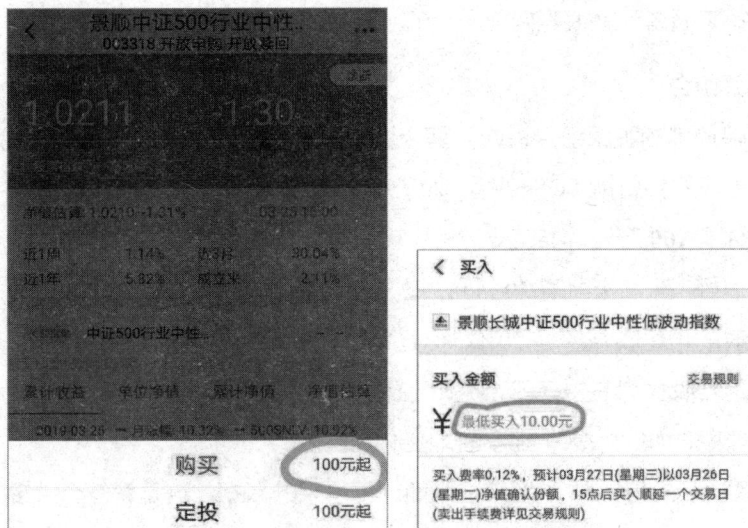

图 2-1　支付宝基金单笔 10 元起投

4. 没钱才更需要理财

从狭义理财，也就是投资的角度讲，投资不仅需要钱，还需要人，钱不多时可以学习实践、积攒经验；从广义理财的角度来讲，道理就更简单了：正因为当下没钱，所以，才更需要通过财务管理，把钱理出来。

没钱的原因可能有很多种，但一般情况下就两种：挣得少、花得多。如果是收入太少，那么就需要提升技能，努力开源；如果是支出太多，那么就需要优化支出结构，减少不必要的消费，把收入更多地转化为财富。

本书后面几章会重点介绍理财模式和方法，帮助大家从没钱到有钱、从有钱到钱生钱。

2.2　年化收益率有用吗

想必大家小时候都听过一句话：学好数理化，走遍天下都不怕。我现在觉得物理、化学放在其次，学好数学才是真的重要，尤其是在理财和投资中，基础的数学常识是非常必要的。比如，年化收益率，我们在各类理财投资的软件里都能看到这个数据，也可以看到网上很多人晒自己的收益。但关于它的计算方式是一门大学问，如果搞不清楚，就很难向前一步了。

1. 股票组合

先从最简单的股票组合讲起，基金是一揽子股票的集合，网上某些"大 V"的跟投或者是现在流行的 FOF 则是一揽子基金的组合，算法其实是一样的。

假设你有 100 万元，构建了一个股票组合（只有 3 只股票），可能在一年后的某一天，涨势很好，账面上浮盈 20 万元，这时组合的收益率是 20%，因为正好满一年，所以，此时的年化收益率是 20%。但是第二天股市大跌，组合里的一只股票跌停，这时可能组合收益只有 15 万元，总收益和年化收益率都变成 15% 了。也就意味着，股票组合收益的波动很大，在不断地变化当中。

在落袋为安之前，收益率只是账面计算出来的数据。这是第一个关键点。

我们再假设一种情况，你买了一只股票，一个月后卖出，刨除交易费用，总收益率为 10%。这时的年化收益率是多少呢? 是 207%——高到离谱!

再极端一点儿，我们当天买入、隔天卖出，时间缩短到一天，哪怕是 1% 的收益，折合成年化收益率，也是惊人的 3 678%。

这其中的问题，就在于算法会将短期收益进行同步外推，也就是假设未来都是同样的收益。而我们知道，每个月 10% 或者每天 1%，都是不可能持续下去的。如果真有这样的人，不出几年时光，将是天文数字，这是复利的威力，复利将在 2.3 进行详细介绍，这里不再赘述。

这就引发了第二个关键点：年化收益率回测长期的数据时才有意义，也只有做长期投资时，才需要考虑年化收益率。

以后，再看到别人拿短期的收益吹嘘年化收益率时，就不会大吃一惊了。

另外，可能有人会好奇年化收益率要用什么工具才能算出来，其实，现在大部分的记账软件，包括基金软件、券商软件里面都自带这种功能。如果想要自己算，使用 Excel 表格中的 IRR 公式即可。

2. 基金定投

接下来进入第三个关键点：投资股票或者基金的资金，如果不是一次性投入的，对年化收益率会有很大的影响——产生影响的原因在于：资金有时间属性。

一年前投入的 100 元，和昨天刚投入的 100 元，都赚了 1%，但年化收益率会天差地别。前面算过，一个是 1%，另一个是 3 678%。只有把它们综合起来进行计算，数据才是合理的。

其中最典型的例子，便是基金定投。我拿自己 2017—2019 年的数据来举例：按月跟投某"大 V"的基金组合，前前后后一共投入了本金 18.5 万元，全部卖出后赚了 1.4 万元。

总收益率很好算，就是 1.4÷18.5=7.57%，这也是一般意义上大家理解的收益率，也可以称为绝对收益率。那么年化收益率是多少呢？用 Excel 里的 XIRR 工具估算了一下，应该在 6.1% 左右。

再拿一个例子来做对比，直接与沪深 300 的易方达沪深 300ETF 比较，也是从 2016 年 1 月 1 日开始定投，持续到 2019 年 12 月 8 日，可以看到，总的收益率是 14.62%，如图 2-2 所示。用工具计算可以得到年化收益率是 6.98%。

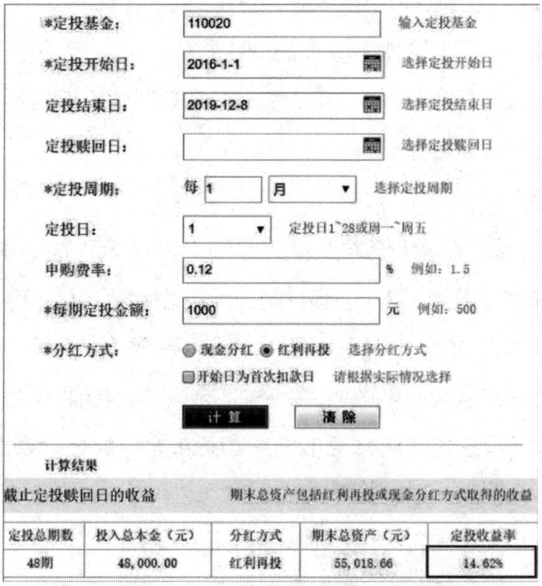

图 2-2　计算年化收益率

这可能与很多人的想象有着巨大的差距，不是有很多宣传说基金定投可以达到年化 10% 以上的收益率吗？不管是已经落袋为安的年化 6.1%，还是同期定投沪深 300 的年化 6.98%，都与 10% 相差甚远。有两个原因：一是在两年半的时间周期内，并未经历过显著的牛市，上证指数最高也只有 3 288 点，最低只有 2 440 点。二是基金定投一般都是长期投资的思路，估值严重高估时会考虑停止定投甚至卖出，这样才能保证收益。在这一轮周期里，跟投的"大 V"组合并没有任何一个卖出的动作，而是一直在买入。

3. 基金收益率和净值

投资者最常遇见的问题是基金赚钱而基民亏钱。大家先思考：基金净值是怎么算出来的，它与基金收益率有什么必然联系吗？这也是一个纯粹的数学问题，试着从基本的逻辑层面来探讨，股票和债券都属于直接的资产，购买之后可以享受对应的权益。股票和债券基金是用来购买股票和债券的资金集合，指数基金则是以指数背后的股票组合为基础，构建股票组合的基金。股票价格的变化影响基金的总资产，在份数不变的情况下，继而影响基金的净值。所以，基金的净值，不能简单理解为基金的收益率，而需要理解为基金的单价，计算公式如下：

基民投资的收益率 = 当前基金的净值 ÷ 买入时基金的净值 -1

只有在净值为1，也就是单价1元时选择了购买（或者是基金初次发售时选择了申购），持有到净值1.2，这才代表收益20%。

大家不难发现：基民的时间周期跟基金自身的时间周期并不完全一致，这也就导致了二者收益率的天差地别。

还是举例说明。

假设一只基金，新上市时净值为1元，上市一年后净值上涨50%，净值到了1.5元，第二年净值下跌10%，来到了1.35元，第三年净值继续下跌10%，来到了1.215元。该基金目前上市以来的总收益率是21.5%，年化收益率大概是6.7%。如果某基民从上市开始一直持有该基金，他的收益率与基金同步。但更常见的情况有以下两种：

一是持有该基金的基民发现涨势不错，在高点选择加仓。为了方便计算，假设他在第一年年末选择加仓与当前市值同等的金额，这样累积下来，到第三年年末，该基民的总收益是 -2.8%，亏钱了，年化收益率则是 -1.18%。

二是该基民一开始没有持仓，在基金表现良好后才选择申购。为了方便计算，假设他第一年年末申购，如果持有两年，总收益就是 -19%，年化收益率则是 -9%。如果他在第二年基金下跌后，选择加仓与当前市值同样的金额，他的整体亏损会少一点，总收益率和年化收益率分别为 -14.7% 和 -10%，感兴趣的读者可以自行计算。

4. 本节总结

第一，卖出后的总收益率才是自己赚到的钱，没卖出的则只是账面收益；

第二，年化收益率可以通过 XIRR 工具计算得出；

第三，基金净值有自己的计算方法，最终只代表基金的价格而已。

2.3　复利的力量

提到复利，传播最广的一句来自于巴菲特："人生就像是滚雪球，重要的是要找到很湿的雪和很长的坡"。其实，复利只是一个纯粹的数学概念，但是在投资道路上，复利效应是我们必须了解的，今天咱们就来一窥究竟。

1. 神奇公式

复利，通俗来讲就是利滚利，即上一次的利息计入到本次本金，本次的利息以上一次的本金和利息之和来计算，公式是 $F=A\times(1+i)^n$，其中 F 为最终金额，A 为初始本金，i 为收益率，n 为时间周期。举一个能让人激动不已的例子，它曾经让我感到无比震惊，自己也多次用电脑进行计算。

一个年轻人从 20 岁开始，每年只需存下 1.4 万元，并将钱进行投资，获取 20% 的收益，年年如此，直到 60 岁退休，整整 40 年，他最后会得到多少钱? 答案是 1 亿元，如图 2-3 所示。

如果是第一次听到这个结果，相信大家还是很意外，但对于绝大多数人来说，一辈子都没想过自己可以拥有 1 亿元的现金资产。

1	1.4	1.4	
2	1.4	3.08	
3	1.4	5.096	
10	1.4	36.34215	第10年36万元
15	1.4	100.8492	第15年100万元
20	1.4	261.3632	
28	1.4	1 146.913	第28年1 100万元
36	1.4	4 954.613	第36年5 000万元
37	1.4	5 946.936	
38	1.4	7 137.723	
39	1.4	8 566.667	
40	1.4	10 281.4	第40年1亿元

图 2-3　复利的力量

2. 黄粱一梦

且慢!

要是如此简单，岂不是大家都能是亿万富翁了，问题出现在哪里? 一年存 1.4 万元不难，坚持 40 年也还好，难就难在这每年稳定 20% 的收益率上。

数学公式可以这么算，但现实世界的投资不是这样的，不确定性是世界的必然。先不着急这 20% 的收益率，做到 15% 的收益率就已经非常难。

有些人会吹嘘自己年收益率二三十个点，那一定是两三年内的事，能保证十年以上的平均年化收益率在 15% 以上，这个世界上恐怕没几个人能做到。

同时，也要注意到，大家所说的都是年平均收益率 15%，这意味着，可能今年运气好，年收益率有 30%，去年运气不好没有盈利，那么，这两年的年收益率平均是 15%。更有甚者，只有一年翻了一番，其他年头要么不赚，要么微微盈利，平均也只是 15% 的年化收益率。

以 2018 年为例，A 股市场跌了 25%，能赚钱的人凤毛麟角，高手也只能维持 10% 以内的浮亏。但 2019 年或者 2020 年，可能又会有很多人实现翻倍，3 年的收益率平均下来，可能也还不错。

如此看来，15% 都这么难，何况是 20%，这一个亿注定是黄粱一梦了。

另外，从图 2-4 我们不难看出，如果是年 15% 收益率，到 40 年时总金额只有 2 500 万元，只是 1 个亿的 1/4。

	每年投入	收益率	金额(万元)	收益率	金额(万元)	收益率	金额(万元)
第1年	1.4	20%	1.40	15%	1.40	15%	1.40
第2年	1.4	20%	3.08	15%	3.01	15%	3.01
第3年	1.4	20%	5.10	15%	4.86	15%	4.86
第7年	1.4	20%	18.08	15%	15.49	15%	15.49
第8年	1.4	20%	23.10	15%	19.22	15%	19.22
第9年	1.4	20%	29.12	15%	23.50	15%	23.50
第13年	1.4	20%	67.90	15%	48.09	15%	48.09
第14年	1.4	20%	82.87	15%	56.71	15%	56.71
第15年	1.4	20%	100.85	15%	66.61	15%	66.61
第19年	1.4	20%	216.64	15%	123.50	15%	123.50
第20年	1.4	20%	261.36	15%	143.42	15%	143.42
第21年	1.4	20%	315.04	15%	166.33	15%	166.33
第25年	1.4	20%	660.77	15%	297.91	15%	297.91
第26年	1.4	20%	794.33	15%	344.00	15%	344.00
第27年	1.4	20%	954.59	15%	397.00	15%	397.00
第31年	1.4	20%	1 986.96	15%	701.34	15%	701.34
第32年	1.4	20%	2 385.75	15%	807.94	15%	807.94
第33年	1.4	20%	2 864.30	15%	930.53	15%	930.53
第34年	1.4	20%	3 438.56	15%	1071.51	15%	1 071.51
第35年	1.4	20%	4 127.68	15%	1233.64	15%	1 233.64
第36年	1.4	20%	4 954.61	15%	1420.08	-10%	1 111.67
第37年	1.4	20%	5 946.94	15%	1634.50	15%	1 279.83
第38年	1.4	20%	7 137.72	15%	1881.07	15%	1 473.20
第39年	1.4	20%	8 566.67	15%	2164.63	15%	1 695.58
第40年	1.4	20%	10 281.40	15%	2490.73	15%	1 951.32

图 2-4　15% 收益率与 20% 收益率的差距

3. 复利大敌

如果一直能保持正收益还好，哪怕有的年份高，有的年份低。在复利的世界里，最可怕的敌人不是收益率低，而是亏损。

图 2-4 中最右一列数字中，假设 40 年里只有一年亏损 10%，最终的金额却相差了 20%。

而在现实里更多的情况是投资一年赚了，第二年又亏了，如此反复。做个假设，一位投资者第一年的收益率为 50%，第二年收益率为 −35%，以这样的数据投资了 40 年，结果会如何呢？

第一眼看上去，正收益超过负收益的绝对值，应该还是赚钱? 事实上是在 40 年后，投资者的本金只剩 60%，亏损 40%。

仔细分析，第一年收益率为 50%，第二年收益率为 −35%，则两年后资金相当于原来本金的 97.5%（1.5×0.65）。如此持续 40 年，结果可想而知。

可以看出，亏损是复利的"大忌"，一旦出现亏损，会大幅削弱复利的效果。换言之，真正的复利必须保证本金绝不亏损，或者是控制在很小的范围内。巴菲特就曾经说过，投资最重要的三件事是：第一，不要亏损；第二，不要亏损；第三，记住前两条。

4. 复利神话

A 股自 20 世纪 90 年代发行以来，从 1990 年的 100 多点，到目前的 3 000 点左右，年增长率约为 13%，算上分红等实则超过了 15%，也就意味着这 30 年的时间，只要一直跟着大盘走，也能获得超过 15% 的增长率，接近 30 倍的收益。但不同的是：股市的波动很大，经常暴涨暴跌，有的年份可能翻几倍，有的年份下跌 40%，不像经济那般稳定增长，如图 2-5 所示。

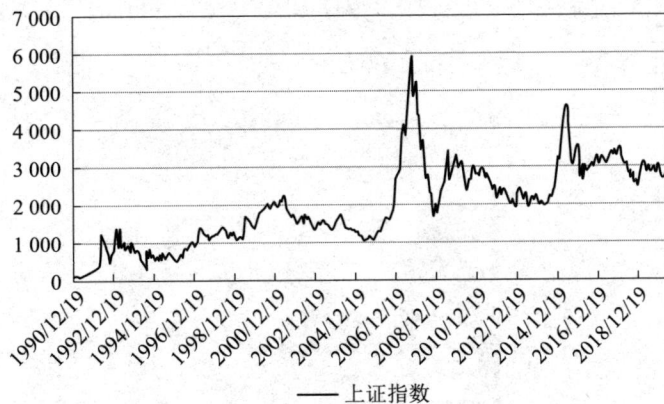

—— 上证指数

图 2-5　上证指数成立以来收盘价走势

注：统计区间为 1990 年 12 月 19 日至 2020 年 6 月 19 日。

资料来源：Wind，兴业证券经济与金融研究院整理。

5. 投资中的复利

最后，还是要说回投资，不管是前面提到的基金的年化收益率，还是经济增长的年化增长率，都是复利的算法。

因此，年化收益率就是回测历史，以年为周期的复利收益率。但实际上，并非所有人都能够以年为单位来计划自己的投资，也并非所有人都有数年以上的投资经验，年度复利有些遥不可及。

那还能从复利公式中收获什么呢？

在我看来，打造一个能和复利公式相契合的投资体系：每次投资的收益尽量为正，出现负收益的话也要控制在很小的范围之内，长期累积、实现复利型增长。

2.4 信用卡账单里的秘密

最近我总是接到银行的电话，问我要不要办信用卡。于是一个问题浮上心头：银行为何热衷于发展信用卡业务呢？如果不分期，银行是没有任何利润的。那答案似乎浮出水面了：收取分期手续费。但是具体的利率是多少呢？多数人可能答不上来。

1. 表面利率

针对每一笔账单分期，更关注的一般都是多还了多少钱的手续费，而不是具体的利率。就像之前的一次分期，可以看到，账单一共 11 190 元，分了 6 期，每期本金 1 865 元，手续费 62.66 元，如图 2-6 所示。

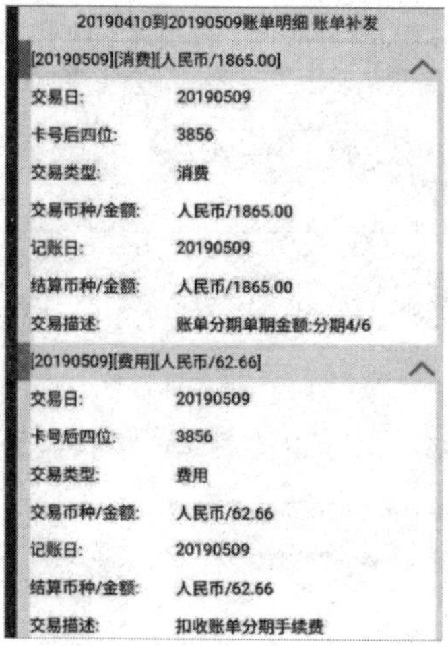
20190410到20190509账单明细 账单补发

[20190509][消费][人民币/1865.00]

交易日:	20190509
卡号后四位:	3856
交易类型:	消费
交易币种/金额:	人民币/1865.00
记账日:	20190509
结算币种/金额:	人民币/1865.00
交易描述:	账单分期单期金额:分期4/6

[20190509][费用][人民币/62.66]

交易日:	20190509
卡号后四位:	3856
交易类型:	费用
交易币种/金额:	人民币/62.66
记账日:	20190509
结算币种/金额:	人民币/62.66
交易描述:	扣收账单分期手续费

图 2-6　分期手续费

首先，要注意到账单里收的钱叫作"手续费"，而不是利息，二者并不一样。然后，可以稍加计算，月利率是 62.66÷11 190=0.56%，这个手续费和京东白条、花呗是差不多的，要略低一点儿。

不过，我们对月利率并不敏感，需要换算成年利率。直觉上的算法，年利率是 0.56%×12=6.72%——银行也是这么算的。相当于我们办了一个年利率 6.72% 的贷款，看起来非常划算，不过，要知道一般的消费贷利率都在 7%～10%。

2. 房贷对比

作为对比，需要先研究市面上贷款利率最低的产品，众所周知，就是房贷。假如房贷利率基于 LPR（4.8%）加上一定的基点而来，为了便于计算，取个整，按照 5% 计算。贷款 100 万元、期限 30 年、利率 5%，还款情况如图 2-7 所示。

需要稍微动动脑子，看看这 93 万元的利息是怎么算出来的？在每个月的月供里，本金和利息的占比还不太一样，本金涨、利息降，怎么回事儿？这一步估计很多人都没深入想过。简单来讲，就是按照月来计算，每个月还完本金后按照剩余的贷款金额来计算利息。先把年利率换成月利率，则月利率 =5%÷12=0.417%。等额本金非常容易理解，是先确定了每个月的本金还款金额（2 777.78 元），然后下个月按照剩余的本金总额计算月利息，如图 2-8 所示，第三个月剩余本金 991 666.67 元，那么，第四个月应还利息就是 991 666.67×0.00 417=4 135.25（元）。

图 2-7　房贷还款情况

图 2-8　等额本金

虽然等额本息要复杂一些，但计算方式是一样的，每个月的利息是上个月剩余本金乘以月利率。但是由于本金一开始还得少，贷款剩余的本金比等额本金多，所以，利息自然要多出不少。因此，房贷属于相对优质贷款，有两点原因：一是贷款利率确实很低；二是利息是按照剩余本金作为基数来计算的。在银行办理的其他贷款，除利率高一点儿外，大部分还都是按照上述方式计算并收取利息的。但是信用卡可就不一样了。

3. 真实利率

二者对比，差别就显而易见了。如果按照信用卡分期手续费的计算方法，那么房贷的总利息是多少呢？很简单，是 $100×5\%×30=150$（万元），但实际利息是 93 万元。巨大的差距，源于利率计算方式的不同：手续费的计算方式里，本金一直是所有的金额，即使还了一部分，还是按照总额为基数来计算。换个说法，就是这种方式忽略了金钱的时间价值。我们还在为自己已经偿还的本金支付"利息"，只不过周期比较短，不容易意识到。一旦放大到 30 年的长度，就变成了 93 万元和 150 万元的差别。如果按照房贷利率的计算方式，信用卡分期手续费的实际利率是多少呢？这里用 Excel 里的 XIRR 工具，可以按照银行的视角来计算，本金 11 190 元，六期分别获得 1 865+62.66=1 927.66（元），可得出收益率是 12.59%，如图 2-9 所示。前面算出的是 6.72%，差了将近一倍。

2018/1/1	-11 190
2018/1/28	1 927.66
2018/2/28	1 927.66
2018/3/28	1 927.66
2018/4/28	1 927.66
2018/5/28	1 927.66
2018/6/28	1 927.66
	12.59%

图 2-9　计算收益率

还有一种更简单的估算方法，就是按照本金使用的时间进行计算：第一个月的本金 1 865 元只使用了 1 个月，第二个月的 1 865 元是两个月，加起来就是 1+2+3+4+5+6=21 个月，1 865 元一共用了 21 个月，还了 62.66×6=375.96（元），月利率则是 375.96÷（1 865×21）=0.96%。这才是实际的月利率，换算成年利率则是

0.96%×12=11.5%。估算和 XIRR 算出来有一定的差距,但是都比声称的年利率 6.72%
多很多。

看到这里,大家应该明白了,为什么信用卡的分期收取的是手续费,而不是利息? 因为它压根不是按照利息的算法来收取利息的。年化 10% 以上的收益率,这么好的生意,银行当然喜欢了。同时,为了督促大家按时还款,信用卡的逾期记录还会上征信系统,这样可谓万无一失。

4. 皆为利来

不过,银行毕竟是正规机构,为大家服务,顺便赚钱,也在情理之中。但是民间的很多贷款机构,却会充分利用客户对于贷款利率计算方式的无知,从中牟取暴利。比如,你借 5 000 元,为期 3 个月,3 个月里每天只需要付 5 元钱利息(当然不会说利息、会说手续费),到期时要还 5 450 元。

大家觉得这个贷款利率如何? 这是很多不正规机构放贷的方式。有些年轻人很容易被蛊惑,只注意到每天 5 元钱的利息,觉得不高,然后借款。但实际算一算,我们就会发现利率高得惊人。因为是一次性还款,利率可以直接算,月利率 450÷(5 000×3)=3%,年利率高达 36%。所以,大家不难理解,为什么很多机构会挖空心思做这门生意。当然还会有很多变种,比如要求先还利息,到期再还本金等。

总而言之,要相信,那种找上门让你办理的所谓“好事”,背后一定有着不为人知的秘密。

5. 尾声

其实,对于高收益的不现实期望,和对于借款高利率的无知,本质上是一样的。很多人入了庞氏骗局时,压根没有计算年收益率。有些年轻人在借款时只看重手续费的绝对数字,而不去计算实际的年贷款利率,与庞氏骗局没什么区别。

说到底,这是长期思维和短期思维的不同,很多事情一旦拉长到年,我们的视角自然会变得更加通透。

2.5　给我推荐几只股票吧

偶尔会有朋友把我的微信推给他的朋友,加了之后第一句话问的就是: 请问最近有什么好股票可以做，给我推荐几只股票吧。我真不知道说些什么。但是，这个问题倒是值得深入探讨一番。

1. 概率

好的答案来自好的问题，所以，我们继续拆解问题。从字面意思看，这样问的目的应该是：找到一只"好"股票，判断"好"股票的标准大概是买入后几天或者几周内有很好的涨幅，最好是买入之后就开始涨，然后连涨几天顺利出手。

但谁又能准确预测一只股票在未来几天乃至几周的涨跌呢？即使是短线炒股的高手，也仅仅是做出涨跌的概率判断而后下注的，况且这种概率不可能是100%。如果有人笃定某只股票明天大涨，那他不是傻、就是坏。

一般而言，买入一只股票后，会出现很多种情况，连续上涨仅仅只是其中一种。至少还有以下三种情况：

涨了一天后第二天又跌回原点。

买入之后就开始跌，第二天涨回来，但还是亏损。

买入之后一直跌。

从概率角度讲，推荐股票最多只有25%的正确率，这与直接蒙也没什么区别。

从短期来看，股价涨跌的驱动力完全取决于买卖双方的力量对比，或是资金尤其是大资金的流动方向。这些事情在相对有效的市场里，是基本随机的。因此，我们想要通过炒股短期内达到确定性的高收益，非常不现实。

2. 短线、中线、长线

股票投资，我认为首先要谈的应该是投资期限，也就是准备持有多久？估计绝大多数散户持有股票的时间都很短，超过一年的应该都是少数。

有句话说得好：30年过去了，A股依旧是博弈的市场，大多数是在筹码的交换中产生利润，而不是在企业的成长中产生价值。

上面提到，几天内的短线是一个概率游戏。即使操作得再好，也只能把胜率提高到50%以上一点点儿，也就是对错各半，再考虑人性中的损失厌恶等情绪影响，追涨杀跌的结果大多是亏。

中线则是一个可取的方向，此处的中线，大概可以理解为3个月到1年不等的周期。为什么最少要3个月，因为一个季度是企业财报公布的时间周期。一个季度里，企业的经营会出现可分析的变化。时间越短，这种变化越不显著，股价跟企业经营的关系就越不紧密。

但想要做中线投资，也有两个前提：

一是建立在对行业乃至企业的深入分析之上，有起码超过市场大多数人的认知；

二是一定要做组合，适度分散在几个看好的行业中。

中线做得好的，大有人在，但基本上都是全职投资者了，每天有大把的时间调研、分析、看盘，对专业性有很高的要求。长线就是长期持有了，操作最少，说来最简单，但其实最难。有三个难处：

一是资金长期占用；

二是对企业有足够的信心；

三是要远离市场的各种噪声。

3. 好公司、好股票

除投资期限外，我们还有一个需要注意的事情：好公司的股票不一定是好股票。毕竟什么是好公司有一些客观的标准，但什么是好股票大概只有一个主观的标准：能够让自己赚钱的股票就是好股票。

一般而言，判断公司好坏，判断的参数是经营指标，与股价是没有关系的，比如利润率、营收增长率、利润增长率、负债率、净资产收益率、现金流情况等，每个指标都能从一个角度去反映公司的经营情况。

但要判断是不是好股票，就必须结合股价或者市值去考察了，也就是要判断估值。好公司的股票不一定是好股票，因为一家公司指标样样都好，所有人都知道、都去买，股价已经严重高估，导致股价参数不好，就不能称为好股票了。这些参数最重要的指标有两个：市净率和市盈率。这两个指标如果都很高，则意味着股票价格存在高估的情况。

问题又来了，上面所有的指标都只是公司过去和现在经营情况的反映，无法代表未来。现在不好不代表将来也一定不好，现在指标非常好，将来也很有可能变坏，投资里必须包含一个对未来的判断。

预测未来是最难的。所以，即使有人向你推荐好公司的股票，也不一定能让我们赚钱。

举个极端的例子，我们用了非常多的指标在几千家上市公司中选出了一家好公司，但买了之后几个月甚至几年，它的价格波澜不惊，股票一直处于浮亏状态。这时怎么办，我们还会坚持当初的选择吗？另外，即使是公认的好公司，例如 A 股的贵州茅台、美股的亚马逊，它的股票就一定是好股票吗？答案显然是否定的。这与股票价格与价值的关系、不同的投资方式都有着密切的联系，因此，好公司和好股票其实是两码事儿。

4. 失去朋友

跟朋友推荐股票的结果，一般都是失去这个朋友的信任。理由如下：

如果第一次亏了，会直接落得埋怨。

如果赚了，他一般会继续要求推荐，直到亏一两次，又变回埋怨。

而那些不是朋友却还在推荐股票的，大家猜他是好意，还是另有所图呢？

2.6 炒股赚钱的人到底多不多

股市里向来有"七亏二平一赚"的规律，不仅是散户，即使是专业投资者也少有例外。如果去考察华尔街的金融机构，包括各种基金和所有的个人投资者，看看他们一年的投资成绩，其中绝大多数都不如标准普尔指数的增长。投资界公认，打败标准普尔指数非常难，A 股也是类似的情况。图 2-10 为是美国标准普尔 500 指数。

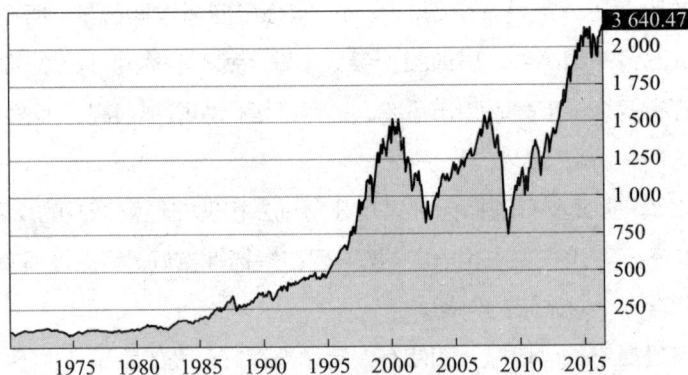

图 2-10　美国标准普尔 500 指数

问题在于，标准普尔指数是从股市中选出 500 只股票平均加权而得，它代表的只是市场的平均水平。有人会疑惑：做到比平均成绩好，怎么会这么难呢？其实，中学数学已经给了我们答案，请往下看。

1. 一道算术题

A 股素来有打新的传统，新股刚上市时，总会有几个涨停板，美股虽没那么夸张，但股价波动也很大。为了便于计算，做一个简单的假设，任何一只股票 IPO 的第一周，股价要么上涨 80%，要么下跌 60%，可能性各占一半。

假设涨幅是 80%，跌幅只有 60%，数学期望值可计算出为 110%，净赚 10%，这是妥妥的获利良机。那么，能不能搞一个投资策略，每个星期一都买一只 IPO 的股票，然后在星期五把它卖了。这样，我的资金每一周的数学期望是赚 10%，一年中利滚利，结果是 1.1 的 52 次方。也就意味着：如果年初投入了 1 万元，到年底我会有 142 万元。

2. 此期望非彼期望

且慢，这 142 万元是市场的平均回报，但不是最有可能拿到的回报。最有可能拿到的回报是什么呢？假设你总共有 1 万元，每周一把钱全投进去买 IPO 的股票，周五再把股票全部卖掉，下周一再把钱全投进去。如果你这么做，最有可能的结果是 52 个星期结束时，你还剩下 1.95 元。你是不是想惊呼，因为，你最可能面对的结果是在 50% 的时间里，你的资金增长 80%，在另外 50% 的时间里，你的资金下跌 60%。比如第一周你赚了，资金变成了 1.8 万元，第二周你亏了，则变成了 1.8 万元乘以 40%，也就是 0.72 万元。一年后，你的资金要乘以 1.8 倍 26 次，乘以 0.4 倍 26 次，结果是你平均每两周亏损 28%，一年后 1 万元变成了 1.95 元。

问题出在哪里呢？原因很简单，在概率相同的情况下，同一时间一群人做一件事情所得的平均期望值，和一个人在不同时间里，重复做这件事所得的期望值，并不一样。一个是概率期望相加；另一个是概率期望相乘。

这也是久赌必输的原因所在，单次赌博，可能输赢的概率差不多，但这是针对同一时间一起赌的一群人而言。如果一个人重复赌很多次，他必输无疑。

3. 平均值的计算方式

那么问题来了，前面 142 万元的平均收入又是从哪里得出？这是因为有很多个投资者都在市场里使用该策略买卖股票。其中，有的人比较幸运，遇到很多个周期都是增长 80%，很少的周期是下跌 60%。而那些不幸的人则是很多周期下跌 60%，在很少的周期上涨 80%。最幸运的人，则是每一周都遇到了上涨 80% 的情况，而这个人的最终收益将是 1.8 万元的 52 次方，约为 18.8 万亿元，他一个人就使得整体的平均值有了大幅的提升。

为了计算方便，简化一下，假设只有 4 位投资者、总共玩了两周。从概率平等角度，其中会有一个人在两周内都是增长 80%，那么，他的 1 万元变成了 32 400 元。有一个人在第一周涨，第二周跌，还会有一个人是第一周跌，第二周涨，这两个人代表了多数，代表了最可能的结果，结果是 1.8 乘以 0.4，1 万元变成 7 200 元。然后还有一个不幸的人，两周内都下跌，也就是 0.4 乘以 0.4，他的 1 万元变成了 1 600 元。

这 4 人的收入分别是 32 400 元、7 200 元、7 200 元和 1 600 元。4 人两周下来的平均值是 12 100 元，正好是计算得出的期望值。而 4 人的最可能结果则是中间的这两个 7 200 元，不过，最可能值远远小于平均值。

4. 数学的智慧

如果还记得中学数学的内容，你会立即注意到，最可能结果就是用 1.8 和 0.4 这两个数的几何平均值算出来的；而市场平均结果，则是用 1.8 和 0.4 的算术平均值算出来的。而数学告诉我们，几何平均数总是小于算术平均数。

这就是为什么个人极大可能战胜不了市场。为了突出说明问题，使用了一组极端的数字，但几何平均值总是小于算术平均值这个性质对所有数字都是适用的。换一组数字不一定赔钱，但大概率还是无法打败市场，赚得比市场少，如图 2-11 所示。

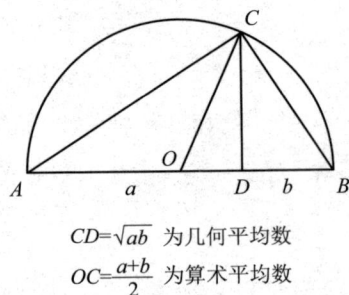

$CD = \sqrt{ab}$ 为几何平均数

$OC = \dfrac{a+b}{2}$ 为算术平均数

图 2-11 几何平均数与算数平均数比较

看到这儿，相信很多人想起了一个笑话，屋子里有十个人，平均收入本是 20 万元 / 年，这时一个年收入 1 000 万的人进了屋子，11 个人的平均收入一下子变成了大概 110 万元 / 年。这也就是大家常说的：中位数和平均数的巨大差别所在。

5. 大盘指数

人有幸运的和不幸的，股票也是一样。标准普尔指数有 500 只股票，是广撒网，其中一定会网罗到少数幸运的股票，这些幸运的股票会有巨幅的上涨，使得标准普尔指数偏高。但是普通投资者也许买到幸运的股票，也许买到不幸运的股票，就算各占一半，也只是能取得一个几何平均值，小于标准普尔指数的算术平均值。

普通股票的涨幅可能没那么夸张，稍做调整，假设一周内，每只股票上涨和下跌的概率各是 50%，上涨幅度是 21%，下跌幅度是 19%，这样的结果比较符合实际情况，算下来总体上涨幅度的期望值是 1%。起始资金是 100 万元，每周操作一次，用以下三种方式买入股票：

一是每次都全部投入买一只股票。如果运气特别好，可以盈利很多，但概率最大的结果是几何平均值，也就是 100 乘以 1.21 的 26 次方，再乘以 0.81 的 26 次方，结果是 59 万元，亏损 41 万元。

二是把资金分成 52 份，每周投入 1 份买股票，周末卖出。结果是一年有 1% 的利润，变成 101 万元。

三是买入市场所有的股票，每周操作一次，一次的收益率为市场的算术平均值 101%，一年不停滚雪球，就是 100 乘以 1.01 的 52 次方，大概是 168 万元。

这个结果显而易见地说明了问题。第一种方式是个人常见的投资方法；第二种方式是高级一点儿的策略投资；第三种方式则是投资大盘指数。

6. 结语

计算模型虽然经过了简化，但还是能够解答为什么绝大多数的投资者跑不赢大盘指数，甚至出现七亏二平一赚的情况了。

具体的计算过程，如果大家感兴趣，可以自己亲自算一算。

所以，是不建议大家去炒股的，想要获取稳健收益，要么是投资大盘指数基金，也就是上面算出的第三种策略，要么是后面介绍的两种投资体系。

2.7　财务自由需要一个亿吗

先思考一个问题：假如让你辛苦工作十年，攒够了钱然后提前退休，开始享受自由人生，你是否愿意？有人马上会反问：多少钱算够。

这个问题立马变成了：到底需要多少钱，才能够不用再上班且钱也够花，达到财务自由的状态？

1. 一个亿的来由

之前看过报道，胡润曾亮出自己的观点，说是在中国的一线城市，想要财务自由，最少需要 1.1 亿元。这笔钱包含两部分：一是两套房子，一套是自己住的别墅，一套是给父母住的 120 平方米的房子，加起来就有 5 000 万～6 000 万元。二是投资，5 000 万元的本金，7% 左右的年投资回报率，以保证年 200 万元以上的投资收益作为生活支出。

看到这个数字和分析，想必很多人都惊掉了下巴，但在绝大多数人看来却是一辈子也实现不了的梦想。难道财务自由对于平凡人来说是遥不可及的梦想吗？

当然不是，胡润做出这个分析，号称是经过了一系列的调查，但他的调查对象并非一般的工薪阶层，而是企业家。坐拥一家企业，对于财务自由的标准自然会高很多。

我们也会发现问题所在，一定是一线城市？一定要住别墅？一定要再给父母买一套房？一定要每年花掉 200 万元？这些都与一个人物质欲望的大小密不可分。

2. 财富奇人

有一本书给出了一个特别的答案，这本书名叫《不上班也有钱》，它的封面上赫然写着"提前退休，就是这么简单而丰富"。

我们来看看该书的作者是怎么做到的。

作者名叫曾琬铃。她财务自由之后的状态是什么样子？首先肯定是不需要上班，她与老公、孩子正在进行环球旅行，喜欢一个地方就住上一两个月，不喜欢住上几天就走，他们的足迹遍布了五大洲，包括墨西哥的圣米格雷、西班牙的巴塞罗那、泰国的清迈等。她没有任何固定资产，包括房子、车子，自然也没有相应的负债；她需要的支出也很少，只有一家人的旅行费用、生活费用，算下来一年不到 28 万元人民币。

大家肯定好奇，她的钱哪来的？来自于她投资的指数基金，本金大概是 660 万元人民币，基金每季都会分红，分红的钱就是她用来生活和旅行的钱，如果不够就卖掉一部分基金本金。

你是不是再次被惊到？1.1 亿元变成了 660 万元，差得也太多了吧。

3. 财务自由观

为什么差这么多，实际上是财务自由观的巨大差异。

有的人可能认为，我要是财务自由了，就得住上大房子甚至别墅，家里停着四五辆豪车……有的人会合理控制自己的消费欲望，认为财务自由是不用再为了钱而上班了，而是可以自由支配自己的时间，做自己喜欢的事情，比如环球旅行。

因此，物质欲望的大小决定了一个人达到财务自由的难度。

看到了作者环球旅行的自由人生，但这是作者和丈夫辛苦工作十年换来的，一笔笔攒下了那 660 万元人民币。下面是几个例子：

衣服只穿二手的，交通工具就是自行车和公共交通。

从来不下餐馆，都是自己做饭，甚至自己种菜。

他们的婚礼，也是没有花一分钱，蜜月的形式是两个人一起徒步 11 天爬了一座山……

这般节俭的生活方式，怕是我等难以企及的，就连他们财务自由后，生活也是非常节俭的。

4. 理论基础

关于如何实现财务自由，书中也提到了麻省理工学院的学者威廉提出过一个理论—— 4% 法则，通过投资股票资产，每年从退休金中支取不超过 4.2% 的金额来支付生活所需，那么，到死退休金都是花不完的，因为股票资产会持续升值。

按照这个 4% 的数值来简单计算，她的开销是 28 万元，所需要的本金是 660 万元，然后陆陆续续把工作所得全部投入了指数基金。如果你一年的生活支出也是 40 万元左右，那么，你需要的本金约为 1 000 万元；如果你一年的生活费需要 200 万元，那么你需要的本金是 5 000 万元。

5. 房产计算

涉及房产比较难算了，因为不同城市的房价是天差地别的，而多数人想在大城市有房。我们取一个中间值——房价 4 万元 / 平方米，这个价位在二三线城市可以买到不错的位置，在一线城市也能买到房子，按照 100 平方米计算，一套房需要 400 万元。如果是全款购入，财务自由需要的本金从 1 000 万元直接变成了 1 400 万元，可见房子在财富体系中占了多大的位置。

那么，最后我们得出结论是：实现大众理解中的财务自由，需要本金 1 400 万元就足够了，比 1.1 亿元要容易很多。

算出一个数字是容易的，人生却不是那么容易算出来的。

1 400 万元虽然是比 1.1 亿元少了很多，但也是普通人工作 10 年难以达到的一个收入水平，即使去掉房产，1 000 万元要在十年内赚到，对很多人也是很有难度的。当然，这是建立在 400 万元房产和 40 万元 / 年支出的基础之上的。

如果已经有房子，年支出只有 12 万元（每月 1 万元，其实已经很高了），那么，需要的本金就是 12×25=300 万元了，这是我的实际情况，但我在积攒到 200 万元时，选择了辞职。

说到底，活成什么样，都是自己选的。

第 3 章

理财必备的七个常识

3.1　为什么钱可以生钱

大家对投资的理解是用自己的钱去赚更多的钱，即钱生钱。那么，为什么钱可以生钱呢？这里就好好探讨一下。

1. 利润分配的顺序

开始之前，你先思考一个问题，一家企业经营产生利润，利润是按照什么顺序分配的？

如果是未上市的小企业，毋庸置疑，利润老板全部拿走，如果有其他股东，那么，股东按照出资比例，也要参与分配利润。之后，股东们可能会拿出一小部分，给员工发奖金。

如果是上市的大公司，需要开董事会决议了，决议的重点在于是把利润进行分红，还是留下来继续扩大生产。即使分红也会按照股份比例进行分配。

由此可见，利润分配基本上没员工什么事儿，员工除拿工资和一点儿奖金以外，是分享不了企业经营利润的。比如，一位售房员，他能为公司创造的业绩可能几千万元甚至上亿元，但他的工资却只有区区一两万元甚至更少。

2. 资本的价值

资本在企业发展过程中的作用是什么？它可以快速扩大企业的生产规模、使企业获取更多利润。比如一家公司有 1 亿元的规模，一年可以获利 2 000 万元，如果它有 2 亿元，规模扩大一倍，在理想状态下，它可以获得 4 000 万元利润。如果仅仅是通过自然增长扩大规模，它的商业增长速度会非常慢。所以，简单快速的办法是公司去借 1 亿元，赚了多出的 2 000 万元利润之后，将其中一部分（比如 1/2）提供给资本所有者。这就是人们常说的融资。

至于到底需要付给资本所有者多少钱，要根据资本本身是多么稀缺的资源了。如果两个竞争对手都需要这 1 亿元的现金，那么资本开出的条件就更高。

反过来，如果有两个甚至多家银行都想给一家工厂主贷款，银行家们就不得不接受更低的利息。这就是企业贷款，以及后来能够流通的企业债券的由来。这完全符合供需关系的理论，当资本太多时，回报就一定下降。

3. 股票的由来

直接借钱是一种方式，发行股票是另一种方式。有些工厂主或者商人愿意出让一部分所有权来获得现金，而不借贷款，这就是股票的由来。"股票"一词的英文"stock"，原意是存量，是商人和工厂老板所有的资产的代名词。

一般情况下，贷款和债券的回报是事先谈好的、固定的，比如 10% 的利息。而股票的回报则是随着一家公司盈利能力而变化的，如果创造财富的能力在增加，那么它的存量越值钱，资本的回报也会增加。因此，股票的回报里，除去现金分红，最重要的是资产的增长。

总之，不论是发行股票，还是借贷款，资本在企业经营发展的过程中都发挥了重要作用。所以，资本可以获得相应的回报。这也是钱能够生钱的原因和合法性所在。

4. 推而广之

对于一个国家，情况也是如此。假如经济发展的速度是 10%，即它今年比去年多创造 10% 的财富。创造这些财富的机构中，公司是最重要的组成部分，公司价值的增长肯定高于 10%，上市公司理应更高。这也是大数投资的基础逻辑之一。

因此，从这个角度讲，一个国家的经济如果稳定增长、发展，那么它的股市从长期来看一定是向上走的。这是投资时少数几个几乎永远成立的结论。正是因为如此，那些坚持在股市上长期不断投资的人都挣到钱了。

但是，一个国家经济增长了 10%，股市是否能够相应增长那么多？不一定。因为决定股市增长的原因非常多，比如一个国家对股市监管不力，股市里庄家作弊的现象太严重，那么股市指数就难以增长。或者一个国家政治不稳定，风险太大，大家为了避险就不愿意购买股票，股市也不会上涨。

5. 股市"双雄"

过去三十多年，全球股市发展最好的地方是哪里呢？答案也显而易见：美股和A 股。

为什么美股上涨快？主要有以下三个原因：

第一，是它的股市监管好，风险小。

第二，大部分上市公司都是国际化公司，标准普尔 500 指数的成分股公司一半的收入来自海外，通常美国 GDP 如果上涨 1%，标准普尔 500 指数能上涨 2%～3%，这些放大效益主要来自海外的利润。

第三，美国采用严格的退市制度，从 2000—2016 年，退市公司的数量比上市公司的数量还略多，因此，上市公司的资质较好，它们利润的增长比未上市公司更快。只有保持上市公司的质量，股市才能快速增长。

再来看 A 股，20 世纪 90 年代初才建立，虽然是大涨大跌，但从 1990 年的 100 多点，到目前的 3 000 点左右，年增长率约为 13%，算上分红等则超过了 15%。也表明这 30 多年的时间，投资者只要一直跟着大盘走，也能获得超过年 15%、接近 30 倍的收益。背后的原因，自然是中国经济这么多年的高速发展。

在未来可以预见的十年内，国家经济的增速虽然会放缓，但还是会保持一个稳定的增长，同时股市的监管也会越来越严格和成熟，对普通投资者肯定会越来越有利。

理解了投资会有回报的本质，相信投资股票的信心就会更足了。当然，这里有一个时间尺度的问题，从长期的角度看，比如十年、二十年，上述理论肯定是成立的；但如果从短期的角度看，就会存在非常多的不确定性。

3.2 要知道自己买的是什么

投资时，是把自己暂时不用的资金投入一个项目中，以期获得一定的回报。那么，需要知道这个项目背后的资产到底是什么，如果它能够盈利，收益来自哪里。

换而言之，需要知道自己买的是什么。如果回答不出来，很有可能是相信了某一个人，这时就需要反思：这个人真的值得信任吗？

1.举例说明

比如，很多保守的人会选择银行存款，认为银行存款是绝对安全的，收益的来源是微薄的利息。其实他们买的是对于银行系统及背后所代表的国家和政府的信任。所以，当银行爆雷、存款无法取现时，大家才会那么震惊。

同样，基于对银行的信任，很多人选择购买银行工作人员推荐的理财产品，认为也是保本没有风险的。但事实并非如此，理财产品背后是各种各样复杂的产品设计，也可以容纳非常多的资产类型，很多也自然不是保本的。该产品的宣传手册或者合同里面都会介绍，如果你没有仔细看，而选择相信工作人员的一面之词，只寄希望于工作人员的职业道德，就会有点儿被动了。

前文中我们提到过找别人推荐股票，由于对股票本身的了解不够，那么，最终买的只能是对于该人的信任。

假如这个人你压根不认识，而仅仅只是某微信群里面的"大师"，你凭什么相信他会无缘无故地带你致富？假如这个人是我们的朋友，还可以接受。但如果不小心亏钱了，你能做到完全不责怪这个朋友吗？

2. 买股票就是买公司

投资圈里有句名言：买股票就是买公司。这句话流传很广，以至于让很多投资小白对它产生了极大的误解。

第一个误解，在于时间周期的长短上。

如果把股票作为一家公司的所有权凭证来看待，那么持有时间必然是很长的，最起码也要三五年。因为只有在足够长的时间里，股价的表现才会与公司发展和业绩增长的走势趋向一致。短期内，公司经营不会出现巨大的变化。不能因为三五天的涨跌，就改变了对于公司的看法。

第二个误解，在于股价变化和消息的关系上。

经常会有炒股新手认为出了某个利好消息后，公司股价短期一定会涨。其实，股价这时反映的是市场整体对于某个消息的看法，而不是该消息本身。我们认为的利好，很可能被先知先觉的投资者提前知道，已经反映在股价里。除非是超出市场绝大多数人预期的消息，才更有可能带来股价的上涨。但在信息如此发达的市场里，这是不太容易出现的。

另外，短期股价的表现完全是被资金驱动的，可能很少的资金能引发股价巨大的波动。所以，短线炒股买的是什么？肯定不是公司，肯定不是某个消息，而是市场对所有信息的集中反应而已。

3. 主动基金

在基金投资中，很多人经常遇到的一个问题是：买指数基金还是买主动型股票基金。

在此必须明确一点：买指数基金长期持有，买的是一个指数背后所代表的一揽子公司的经营发展，这个没有什么争议；而买主动型股票基金，买的是对于某位基金经理的信任。俗话说，投主动型股票基金就是投人，但怕就怕对这些人根本没有多深的了解。如果有，那大概率是因为过去的高收益。但是如果他们的业绩未来跑不赢指数了呢？并不是表明他们的水平不够，而是因为都摆脱不了均值回归。

在公募和私募基金圈里，出名才能带来曝光，曝光带来大众的买单和抢购。但曝光时一般也都是在牛市，在这之后受限于市场本身的转冷、运气成分的消失，基金经理的业绩基本都会下滑。

市场很差时，一样可以找到亏损少、风格稳健的基金经理。如果选择投资这类基金经理，在下一轮牛市，他们涨得远没有大盘多时，我们会不会又嫌赚得少呢？

因此，未来能获取超额收益的基金经理在哪里？跟未来哪只股票能够翻倍一样，是不可预知的。这基本上是个死循环。

另外，基金管理的是别人的资金，获取的回报是管理费用。管别人的钱做出的选择与用自己的钱投资，还是有所不同的。所以，投资主动基金的关键，在于对基金经理的了解程度，有一句话说得好：要么全信，要么别信。

4. 庞氏骗局

举一个自己犯错的例子，传说中的庞氏骗局。现在还记得那个投资平台的几个关键点，具体如下：

- 平台经营特殊，稳赚不赔。
- 投资后每天返红利，本金约 1.5%，也就是两个多月可以回本。
- 回本后继续返钱，一直到时间的尽头……

可能有人一眼看出这是一个典型的庞氏骗局，也可能有人被这个赚钱模式吸引，可惜当时的我，属于后者。单纯的模式并不足以让人做决定，一定要有熟人的推荐。再加上熟人推荐的姿态极其的真诚，到现在我也依然相信，对方是真的觉得可以赚钱才介绍给我的。最终，这次投资，我投了 3 万元，回了 450 元，本金没了。

现在总结起来，其实，识破这种骗局也极其简单，只需要关注两点：年收益率极高和需要拉人头。

3.3　到底什么是风险

投资过程中很关键的一点是判断自己的风险承受能力，它比怎么投资更加重要。

1. 风险定义

直入主题，到底什么叫作风险？

风险，顾名思义，古代人出海作业时，要提前判断是否会起风、风有多大，但并非每次都准，如果起了大风又没有提前预料到，就会身处险境。所以，在投资中，风险就表明未来的不确定性。假如你不知道自己买的是什么，也就充满了未知和不确定性，自然存在极大的风险。

像陷入庞氏骗局的人，自认为现金会持续返到自己的卡上，但不知道它背后的运作逻辑，不清楚它未来的不确定性，也就忽视了它的巨大风险。在现实中，多数的风险其实都源自无知。而在专业的股票投资者眼中，风险包括什么呢？有两个看待的视角：一是来自外部；二是来自内部。

2. 外部风险

外部的风险可以简单分为以下三种：

一是经营风险，公司的经营层面出现了问题，业绩遭遇大幅下降，股价也随之下跌。

二是波动风险，不随着公司业绩变化，单纯的股票价格的涨跌波动，其实这一点反倒是很多人难以承受的，尤其是天天盯盘，受不了股价如过山车般的起伏。

三是系统风险，是指大盘整体的下跌，与经济下行等大环境相关，普跌的行情下，绝大多数股票逃不出下跌的命运。

之所以把它们叫作外部风险，是因为它们是受外部因素左右，不能对其产生影响，只能预测和应对。其中最有代表性的是第二个风险，也就是股价的短期波动。周期越短，股价的走向越是随机，无法准确判断。

因为市场具备有效性，有的人看好、有的人看空，有的人认为别人看好、有的人认为别人看空。最后的股价涨跌是综合了所有人看法的结果，自己的看法自然也在其中。

另外，在两个风险中，经营类的风险其实是可以提前预测的，前提是对这个行业、对这家公司有着极深的了解和长时间的跟踪；系统性风险，主要考验对于国际局势、宏观政策等的理解程度，后面我们专门有一节来进行探讨，这里不再赘述。

相对而言，内部风险来自自身，应对之策是调整我们对自己的管理，更加值得思考。

3. 内部风险

内部视角的风险包括以下四个层面，会影响每个人的投资决策和投资成果。在看待每一种投资策略跟自己是否匹配时，也可以从这四个层面来进行评估。

第一，不知道投多久，即投资期限的未知。

在投资之前，首先要问自己这个问题：此次投资我准备持有多久？一个月、半年、一年、三年或是十年？比如，万科股东刘元生持有万科股票 30 年，但前提是人家 20 世纪 90 年代就有 300 万元，而且可以一辈子不用这 300 万元。又如，那些持有腾讯 5 年赚到 50 倍的，一样也是起码有几十万元，起码 5 年不需要用这笔钱。

单从这个维度来讲，那些进入股市准备用两个月时间翻倍的人，也比直接买入但是压根儿没想好要拿多久的人强。当然，想要两个月翻倍，需要面对下一种更大的风险。

第二，不知道赚多少，即投资收益率的未知。

在投资之前，还要问自己这个问题：自己的预期收益率是多少，获得这个收益率的概率约有多少？之所以这个问题放在第二位，是因为如果想好了第一个问题，比如决定投资十年，那么收益率的确定就变容易了，十年时间年化收益率 12%，总收益 3 倍，胜算概率很大，90% 都是有可能的。但是如果想两个月翻倍，确实也有可能实现，但是胜算概率极低，超不过 1%。

如果二者折中，3 年时间年化 10%，胜算概率 70%，觉得如何？先别急着回答，还有下面这个因素要考虑。

第三，不知道亏多少，即对于波动和浮亏的未知。

在投资之前，别忘了问自己这个问题：你想要很高的收益率，但你能接受巨幅的波动吗？风险与收益是对等的，衡量的指标是最大回撤。

假如你投了 100 万元，短期涨了 10 万元，但很快跌到了 80 万元，最大回撤超过 30%，这种心情能否承受？如何面对波动，也是投资的一大难题。相信很多人遇到这种情况直接就"割肉"离场了。上文提到的胜算概率，是一个基础的成功概率。但是如果对于波动的承受能力差，这个胜算概率还会下降。

还没完，最重要的风险，其实是下面这个。

第四，不知道花多少精力，即对于自己能力的未知。

在投资之前，最后还要问自己这个问题：你能在投资上花费多少精力，凭什么想获得超过市场的收益？这种精力包括很多方面，对于宏观经济的认识、对于公司财报的研究、对于金融消息的加工。当然也包括对于自己投资风险偏好的认识，比如投资期限、收益预期和波动承受度等。但一定不包括每天看 K 线，也不包括每天看账户金额的变动。

评估以上四点，我认为是投资前的必备功课。如果做完了评估，自然也就对投资的风险有了清晰的认识。

3.4　杠杆是把双刃剑

只要大家接触投资，应该都听过两句话：第一句是投资要用闲钱；第二句是永远不要加杠杆。但是有一本书，却给了我们不一样的视角，不仅刷新了对于杠杆投资的认知，更是提出了分散时间投资的整套理论体系，它就是《生命周期投资法》。在我看来，它属于我们日用而不知的知识。

1. 体系简介

简而言之，这套体系的核心是：投资需要利用杠杆，年轻时要杠杆投资股票，比例不超过 2∶1，随着年龄增长，一步步地把杠杆比例降低，直至为 0。但这一切的前提是稳定的现金流。

乍一看是不是有点匪夷所思？

其实，贷款买房就是在利用杠杆，三成首付就是 3.3 倍的杠杆，同理，二成首付就是 5 倍杠杆。想想早些年在大城市贷款买房的人，很可能已经还清了贷款。

成功的案例数不胜数，因此，杠杆投资是不是挺美好的呢？

从数学角度看，杠杆会放大收益，也会扩大亏损：假如是 1 倍杠杆，上涨 50% 就翻倍，但是下跌 50% 也会亏完本金。

房子也是如此，100 万元的房子 30 万元首付，房贷则永远是 70 万元。假如房价跌 15% 到 85 万元，这样本金就亏得只有 15 万元了，直接腰斩。假如房价跌 30% 到 70 万元，那很显然本金就亏光了。

不要否认房价跌 30% 不可能，很多三线城市、环京郊区都见证过这个跌幅。这就是失败的案例了。不过，除了房产，多数情况下即使房价跌了，大家还是会按时还房贷：一是维持信用；二是相信未来长时间看房价还是会涨。

2. 股市杠杆

本书中主要介绍的是投资股市，那么，在股市杠杆投资到底行不行呢？我们觉得杠杆买股不可靠，主要原因是对于杠杆类型的认识不够。先思考第一个问题：股票的杠杆跟房子的杠杆有何不同？房贷主要来自银行贷款，利率稳定且比较低廉，大概是 4 个点。当然信贷宽松时，利率低到 2 ~ 3 个点也很正常。

重点在于房贷的还款方式：等额本息或者等额本金，还款分散到每个月，且时间周期拉长到 20 ~ 30 年。

在超长的时间维度下，一是打工者本身可以持续创造现金流，相当于把未来的现金流做了一次性的折现；二是随着时间的推移，货币会不断贬值，房子同时在升值。只要还得起贷款，不用面对被强制卖房的困境。

股票杠杆最大的问题在于，大部分人都理解错了方向。一般的理解中，它包含以下两大类：

第一，场内融资，即向券商借钱。

用现金或者用股票债券基金等作为抵押物，利率比较高，一般在 6 ~ 8 点。最关键的是时间周期短，大概半年就得还。不难看出，场内杠杆根本实现不了分散时间的作用，也就不属于安全可控的杠杆。

第二，购买的产品本身自带杠杆。

比如，股指期权，港股、美股里的股票做多期权，这也是主要介绍的方式，但这种产品在 A 股几乎没有，且门槛很高，适用性就差了很多。

3. 场外杠杆

如果按照房贷的思路来寻找合适的杠杆,股票类资产当然也可以使用杠杆投资。比如,廉价的长期贷款、家里长期不需要动用的资金。

比如,有人在换房的过程中,购买新房是可以全款的,但他们不仅贷款,还多贷一些钱,这样手上的现金就可以多留下一些。这部分资金用于长期投资,相当于增加了杠杆。它的利率经过调整,可以达到 4%,投资收益率只要高过这个数值,杠杆投资就是合适的。

通过前面的分析不难看出:合理地认识杠杆,才能安全地使用它。不懂杠杆的原理,为了高收益铤而走险,与一听到杠杆就一口否定,都是失之偏颇的。但还是要注意以下两个核心的要素:

一是这种杠杆投资股市的思路,一般用于投资指数,笔者提倡的投资对象,也是基于标准普尔 500 指数的看涨期权;个股的不确定性太强,指数背后则是一个国家长期的经济发展和增长。

二是稳定的现金流是一切的前提,其他的都是后续。如果现金流紧俏,投资真的不是一件容易的事儿。

4. 人生商业模式

最后发散思维一下,杠杆的效果不仅体现在投资中,更体现在个人商业模式当中。我列出下面一个公式:

$$人生商业模式 = (时间 \times 效率)^{杠杆}$$

其中,时间是基数、效率是乘数、杠杆则是幂数。杠杆对个人商业模式的影响,是"致命性"的(只有"致命"这个词,力度才够)。当然,杠杆包括很多种,主要有团队的杠杆、资金的杠杆、平台的杠杆、赛道的杠杆等。其中团队和资金杠杆在创业方面比较重要,这里不再展开。特意讲解平台的杠杆,如个人打工,选择不同的平台后,借由平台的杠杆差距,几年后的发展可能会有天壤之别。

比如,有人毕业后去了小企业,有同届的同学去了大企业。前者工作清闲、压力不大。后者天天加班、强度不小。几年后,前者仍然是小职员,后者已经在历练后担任中层,财富积累上的差距也在变得越来越大,这就是平台晋升杠杆导致的结果。

同样的起点、不同的杠杆,几年时间就造就了可能在同一赛道内无法超越的差距。

从杠杆的角度看，需要有意识地去找到更大的杠杆，不管是工作、投资，还是人生，这就是选择；在此基础上，让杠杆来放大自己的努力，才能获得更大的成功。

3.5 宏观经济分析有没有用

做投资尤其是股票投资，到底需不需要研究国际局势、宏观经济？

这个问题，相信大多数人都有困惑。跟社群的小伙伴们深入探讨过一个话题：投资需要研究的三个方向——宏观政治经济、公司深度分析及个人的投资体系，哪个更重要？

1. 成功案例

我们必须承认：宏观方向研究得透彻明白以提高投资收益，是肯定可行的。大家应该也见到过相关的案例。比如，把握政策导向，自上而下从行业到公司进行投资，专门做汽车电动化、智能化方向的投资者，有一段时间的收益肯定非常好。又如，深刻理解互联网行业的困境及国际关系的变化，提前预判了中概股可能遇到的危机，从而早早离场。

但这有个基本前提：对政治、经济领域要有足够的学识积累。

2. 三类影响

对股市的影响因素大致可以归为三种：基本面、政策面、情绪面。其中，基本面是指行业发展和公司经营层的情况；政策面主要是指国家层面的相关政策，不仅包括财政和货币等调控手段，也包括行业引导或是监管；情绪面则是指短期市场情绪的剧烈变化，不太可控。

这里讲的宏观，主要是政策面，如果想要研究，除了要了解基本的经济学常识，还要关注国家各类会议文件和政策变化。当然，国际局势也可以纳入宏观之中，而且是最高层级的影响因素。

其实经济学在 19 世纪，全名叫作政治经济学，政治和经济不分家，研究到一定程度，其实都是关于社会的治理问题。

2022 年是变局之年，国际动荡、美联储加息等一系列事件有着千丝万缕的联系，油价忽高忽低、黄金价格波动，资本市场更是剧烈震荡，因此，A 股大幅下跌，港股甚至出现了极端的定价，几乎来到了最低点。

想要把这些事情研究明白，无疑是非常困难的；而如果你有了深刻的认识和理解，对投资也是有一定帮助的。

3. 价值投资

基于公司分析的价值投资派，号称不考虑宏观。比如巴菲特和芒格，以及国内一众的价值投资追随者，他们都强调把关注点放在自己持有的公司上，不要在宏观上花费太多心思，因为根本控制不了。其中的关键在于：不研究不等于不应对，虽然控制不了，但他们有自己的应对之策。

在价值投资体系中，买入的原则有一条是安全边际。保证安全边际意味着考虑到了极端的情况。即使出现了因为宏观而导致的极端定价，自己也能应对。要么是能够安稳地拿住，要么是还有足够的仓位补仓。巴菲特的账面上为什么常年有一定仓位的现金，就是为了应对各种极端事情的发生。如果武断地认为他一点也不研究宏观，那肯定也是以偏概全的。

作为普通人，不管是研究宏观还是公司，都需要具备一定的能力，而且并非一日之功。最怕的是自己宏观也看，公司也看，结果都是半瓶子水，到最后基本是瞎预测、帮倒忙。

所以，我建议普通投资者要把重心放在搭建自己的投资体系上。

4. 应对之策

一个完善的投资体系，应该包含对于宏观极端事件的应对措施。比如，推荐的股债平衡、可转债轮动和大数投资三种策略，它们的应对主要体现在仓位上。大体思路是一致的：整体估值高时，降低仓位；整体估值下降时，慢慢加上仓位。

宏观会导致一系列结果，如果这种结果能预见，那么，自然可以做出主动的调整和准备；如果这种结果无法预见，则只负责应对。应对，从根本上来讲是有现金的选择权。当然，被动减仓算不上应对，手上有仓位或者是有足够的现金流，才可以从容地选择加仓。哪怕是最简单的股债平衡和永久组合，都具备这种仓位的选择权。

在岁月静好时，让大家预留很多现金来应对未来的风险，很多人是听不进去的；

但当时局动荡、危机四伏时，大家才会意识到，手上的现金是多么珍贵。

归根结底，是否研究宏观要取决于自己的投资体系，找到适合自己的投资体系才是最重要的。

3.6　资产配置并不高端

别看资产配置这个词显得很高端，但其实每个人都在做。把它换成一个接地气的说法是：资产，就是有了一笔钱；配置，就是把它用在哪里。

一般来讲，资产配置针对的是存量资产。当然这里是指用来投资，而不是用来消费。

同时，既然称为资产，也得有一定的数量级。如果你只有 100 元钱，就准备做资产配置，实在有些大题小做。

1. 买房与否

每个人遇到的最大资产配置决策，肯定是要不要买房。如果选择了买房，也就意味着把大量的资产都配置到房产上。这符合国人的现状，中国人的资产里，房产占据了七成以上。除去房产外，处理剩余的资产时，也有不同类别的区分，包括股票、债券、黄金、大宗商品、现金等。其中，股票和债券属于典型的证券类资产，它也有两个配置的逻辑：一是考虑不同地区，包括美国、欧洲、日本、其他新兴市场等；二是债券和股票中的进一步细分，比如债券考虑国债、企业债、可转债等，股票考虑大盘股、小盘股、行业指数等。

资金体量越大，越会考虑资产配置的分散化。分散的好处是：在保证收益率的前提下，减少波动，即最大回撤会明显变小。

资产配置的方案有无数种，其中，最经典的是股债平衡和永久组合，后面的投资体系中会详细展开。

2. 资产梳理

将手头的资产盘点一下，可以分为四大类：固定资产（含房、车）、证券投资（含股票基金债券理财产品）、现金类（含存款、货基）、其他资产。这几类资产的比例代表了现在的资产配置情况，是广义的资产配置。其中，前三类都是主流和常见的，其他资产则相对少见，比如黄金、白银等重金属、艺术品和收藏品，包括数字资产等。

如果更加严谨一点，自住类的房产可以不计，只有投资性的房产才算在内。

房子用来住，现金留着配置保险、日常支出和应急，剩下的就是证券类投资了。证券类投资里再怎么分配，就是狭义的资产配置了。比如股票和基金的比例是多少，股票里又有多少 A 股、港股和美股，债券的比例现金的比例是多少。

重点来了，证券投资账户里，也是有现金的，这部分现金是留着补仓，或者是平衡波动的，跟之前的现金没有关系。

3. 投资组合

狭义的资产配置，即一个投资组合应该怎样建立？答案是分散。从长期来看，分散投资既可以保证收益率，又可以降低波动，这是诺贝尔经济学奖得主马科维茨的理论。但大家几乎都不会这么做，一是投资周期太长；二是买入不动，一般人做不到，总想着交易和折腾。

说到这里，不难发现，分散有三个层次：一是大类资产上；二是证券类资产上；三是单独的股票基金上。如果把全部家当拿出来甚至借贷，只买一两只股票，则三个层次的分散都没有做。这是最蠢的行为。偶尔会听到，谁谁抄底了哪只股票，一天赚了好几个点，然后羡慕不已。假如，这个人是全仓这么干的，那他的行为是很危险的。假如，这个人是拿了账户里 1% 的钱这么干的，且分了仓位，无可厚非，赚了是运气，亏了是实力（或者反着说）。所以，至少在股票基金投资时，应该考虑分散投资的操作。即使只买股票，也起码保证 6 只以上，且彼此关联性不强，这是底线的分散要求。比如，一个人长期投资的股票占比 80%，指数基金 18%，剩下的 2% 用来炒股。即使这 2% 亏光了，也不至于损失惨重。所以，当看到一个人炒股赚钱时，还应该关注是用了多少比例的资产在做这件事。

补充一句：由于指数基金天然具有分散的特点，因此，它更加适合普通人。

4. 分散再分散

很多像我一样的投资者，已经把分散的思想刻入骨子里了，做到分散再分散，配置思路如下：

首先，大类资产上，留一部分现金，以备不时之需。

其次，证券投资中，做的各种尝试，都是分散化的。

最后，单独的股票账户中，分散买很多只股票，且一直留有现金。

3.7　基金定投真的能赚钱吗

1. 指数基金

基金定投一般是指指数基金的定期投资，所以，先简单认识什么叫作指数基金。指数，是指用一个规则把一堆数算出一个数。比如，一个班的平均成绩，语文分数的平均值可以称为语文成绩指数，数学分数的平均值是数学成绩指数。

因此，股票指数就是选出一堆股票，用一个算法反映这堆股票的平均价格走势，也被称为股票价格指数，比如常说的大盘——上证指数。

指数基金是针对一个指数里包含的股票种类、数量、比例，而去买入并长期持有的基金。从这个意义上讲，指数基金的价格走势和一个指数的走势基本保持一致。

注意，这里的关键是先有指数，再有指数基金，所有的指数基金，背后都有一个相对应的指数。不管是综合指数，比如沪深 300、中证 500。还是行业指数，比如新能源汽车指数和光伏指数。

基金定投是指在固定时间以一定的金额投资到指定的基金中，类似于银行的零存整取，所以，这种方式比较适合工薪族。关于基金定投的核心优势，主要有以下三点：

一是指数代表的是一揽子优质公司的组合，我们不需要选择个股。

二是指数长期来看是稳定上涨的，定投的方式是强制长期投资。

三是指数基金的费用与其他主动型基金相比是最低的。

2. 是否赚钱

好的答案需要好的问题，基金定投到底能不能赚钱，还需要继续拆解才行，至少有三个要素：定投的时限多长、入场的点位多高和投资的是什么指数基金。时限越长，赚钱的概率越大。这个月定投，过两天就要求赚钱，本质是在赌涨跌。一般想要验证策略的长期有效性，三年算是最短的期限了。入场的点位也很关键，比如在 2015 年 A 股牛市顶点开始定投，则要面对长时间的下跌和亏损，虽然坚持几年也会开始赚钱，但这个过程无疑是比较痛苦的。

投资不同指数基金，收益率也会有差别，一般而言，定投选择的标的都是综合类的指数，比如沪深 300 和中证 500。定投行业指数是对特殊行业的选择，会带来更大的偏差。

口说无凭，做数据回测进行验证，用到的工具是天天基金网站上的基金定投收益计算器。

先看第一个要素，时限，选择沪深
300 指数基金，以 2022 年 7 月 30 日为定
投时间点，分别往前测算 1 个月、3 个月、
6 个月、1 年、3 年、5 年、7 年和 10 年的
收益率，得到的数据如图 3-1 所示。

不难看出，半年以内的定投，收益率
不会有太大的变化，除非遇到了暴涨或者
暴跌的行情。但定投三年以上、随着周期
的拉长，收益率是稳步上升的。

定投收益测算（沪深300）	
时限（2022.7.30回推）	收益率
1个月	-3.43%
3个月	0.75%
6个月	-0.29%
1年	-6.63%
2年	-9.92%
3年	-2.49%
5年	8.31%
7年	17.73%
10年	32.15%

图 3-1　定投收益测算

为什么 1～2 年的时间里，收益率会如此之低呢？

这就是受到第二个要素的影响了，从沪深 300 的走势图不难发现，从 2020 年
下半年开始到 2021 年，沪深 300 基本都在高位（见图 3-2）。这个时间段开始定投，
短期的收益率自然不会太好。

图 3-2　沪深 300 指数 2020—2022 年走势

接下来看第三个要素，定投不同指数的差别。这次选择五年的定投时限，选

取上证 50、沪深 300、中证 500、创业板、新能源、地产、医疗、白酒、中概互联来做对比，如图 3-3 所示。

定投收益测算（2017.7.30-2022.7.30）	
指数	收益率
上证50（510050）	-0.62%
沪深300（110020）	8.31%
中证500（510500）	14.78%
创业板（159915）	33.23%
新能源（512580）	80.66%
地产（512200）	-11.77%
医疗（004851）	38.42%
白酒（161725）	81.64%
中概互联（513050）	-26.72%

图 3-3　定投不同指数的差别

可以看出，5 年内，从上证 50 到沪深 300、中证 500、创业板，定投收益是越来越高的。究其原因，是最近几年的行情以小市值和成长股为主。

至于不同行业板块，收益天差地别，有的收益很高，比如新能源和白酒，有的起起落落，比如医疗，有的则是一塌糊涂，比如地产和中概互联。因此，定投行业指数，投资者必须要有对行业的分析判断，需要更深的专业知识才行。

3. 优化方案

想要提高基金定投的收益，投资者除选择不同的板块指数或者行业指数外，还有没有简单易行的方法？有的，其实就四个字：低买高卖。

虽然长期坚持不等于长期持有，但是基金定投必须长期坚持，这是一个共识。长期坚持的原因很简单，因为选择的标的是一揽子公司所组成的指数。比如，沪深 300 指数，选择的是 A 股市场里流动性强和规模大的 300 只代表性股票。既然背后是一揽子公司，公司的经营发展都需要时间才能体现效果。同时，由于指数本身会"新陈代谢"，会定期把不符合要求的公司剔除掉。所以，从长期来看，该指数背后代表的公司资产必然是稳定上涨的。

是否我们只需要不断买入，静静等着指数背后的资产慢慢上涨？当然不是。长期坚持和长期持有不卖是两个概念。如果你投资了一个项目，该项目可以有稳定的收益，比如分红、租金等，那么自然考虑一直长期持有，不卖出，是现金流的投资模式。如果积攒到了足够多的本金，可以考虑这种方法。问题是目前国内的指数基金定期分红的没有几个。所以，对于资金量不大的工薪族，追求买卖差价的投资是一种更好的选择。比如，买了房等房价上涨后卖出，就是这种模式。

股票价值投资的核心策略是在低估时买入，高估时卖出，这样的思路，当然也可以用在指数基金的投资上。

4. 怎样判断估值

前面提到过，对于一家企业进行估值是非常困难的事情。那么，对于指数的估值，是否也这么难呢? 其实是相对简单的，看两个指标即可: 市净率 PB 和市盈率 PE。

其中，市净率是指公司市值和净资产的比率，而净资产可以简单理解为公司实际能变卖的资产值多少钱，大概意思是这家公司如果真破产了，清算时能卖掉的价格。而一个指数的市净率是指指数背后所有公司的总市值和总净资产的比率。

市盈率是指公司市值和一年净利润的比值，可以理解为如果有人买下这家公司，它的盈利情况不变的情况下，多少年可以回本。比如，一家公司市值 100 亿元，一年净利润 10 亿元，那么，市盈率是 10，意味着买下它后，十年后投资者可以收回成本。

怎么看这两个指标，看绝对值吗? 不看绝对值，看相对值，也就是市净率和市盈率所处的历史百分位。

历史百分位，是把这个指数历史上的两率数据全部统计出来，然后，看今天的数据排在历史数据里的位置，比如，比20% 的数据高，80% 的数据低，那么，就是20% 分位。查询历史百分位，可以使用基金软件，以天天基金举例，如图 3-4 所示。

5. 优化策略

有了历史百分位，定投的低买高卖策略则呼之欲出了: 低估增加买入，高估分段卖出。当然，每个人都可以根据自己的喜好做适度调整，这里只给出一个示意的方案: 两率 (PE 和 PB) 的历史百分位都在 30% ~ 60% 区间内时，可以按照正常的定投金额买入，比如 1 000 元，如果百分位降到了 30% 以下，则加倍买入，就是2 000 元，如果降到了 10% 以下，则三倍买

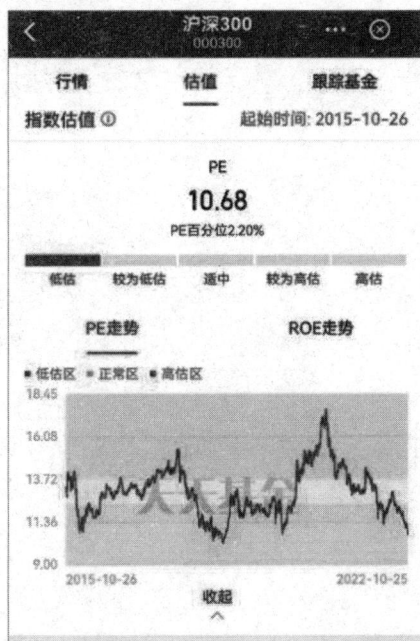

图 3-4   查询历史百分位

入，就是 3 000 元。当两率（PE 和 PB）的历史百分位到了 70％以上，你可以考虑停止定投。至于卖出，你可以设定在 90％分位时，卖出 1/2，或者保守一点儿。在80％分位就卖出一部分，比如 1/4。在达到 100％分位时，卖出剩下份额里的 1/2，以此类推。

卖掉基金后的钱，你可以去选择投资其他品类低估的，如果没有，则耐心等待估值的回落，直到回到可以买入的区间内，再继续开始定投。

总结下来的精髓只有一句话："低位多买，中位少买，高位分批卖出"。

回到本章的问题：基金定投真的能赚钱吗？

答案是肯定的，虽然收益的高低并不确定，有很多影响的因素，但它的关键还是在于能否长期坚持，仅此而已。

第 4 章

理财三部曲之一——财务梳理

4.1 财务梳理

有些人认为理财是找一个银行理财产品去买，也有人认为自己没钱不需要理财，这是两个最典型的错误观念。当你有了一定金额的钱后，为了让钱增值，投资成了刚需；而理财在什么情况下才会成为你的刚需呢？应该是你想改善财务状况时，或是你想从没钱变得"有钱"时。

个人理财是指财务管理，包括记账、储蓄、消费、预算、投资等一系列财务上的行为。在这些行为里，投资只是最后一步，包括购买理财产品、购买各种基金、直接购买股票，以及买房等。

在此将理财的流程总结为四步：记录、制表、分析和规划。

4.1.1 理财第一步，记账不含糊

理财的第一步，从一个问题开始：每个月的收入和支出分别是多少钱？

收入方面，对于工薪族来讲，准确说出金额应该问题不大，因为工资一般不会有太大的变动。但说到支出，很多人可能给不出一个明确的数字了。

为什么会这样？因为你的工资每个月就发一次，且数目稳定，所以记得清楚。但支出是在每天的消费过程中陆陆续续产生，除大额外，比如房贷，小额的花销我们很难记得住。一旦涉及信用卡、花呗、京东白条等，情况就会变得复杂，如果再加上分期付款，恐怕这笔账更难算明白了。

应对这个问题的唯一解决办法就是记账。事无巨细地把自己的每一笔收支都记录下来，既包括工资、公积金等收入，也包括房贷、其他贷款、日常支出等。

至于记录的方式，有多种选择，市面上有非常多的记账 App，但基本都要手动记录。我还是倾向于用一种支付方式的办法，微信、支付宝乃至一张银行卡都是可以的，只要最后自己能够把所有的支出明细统计出来。

千万不要小看这一步，这一步是整个理财过程的基础。因为记录下来的数据有着非常重要的意义，这些数据比自己更了解你的消费情况。

1. 怎么记

市面上的记账软件非常多，之前也用过几款，但都没有坚持用下来。最大的阻力在于每一笔花销都需要自己单独记录，记着、记着就懒得记了。

现在没有专门用软件记录自己的每一笔支出，而是采用设定预算目标，然后，只采用一种支付方式。我用的是微信，比如月初把预算 3 000 元转入微信钱包，每周末查看微信钱包的账单，做一下简单的回顾和梳理。

事实证明，这个方法很简单，也很有效。因为平均到每周是 750 元的预算，周末梳理时可以清晰看到支出和预算的比对，微信钱包里的余额也会提醒自己还有多少钱可以花。

2. 贷款一二三

如果你住的房子是贷款买的，每个月的还贷是最大的支出。这笔账应该怎么记呢？

如果你有公积金，为了每个月提取方便，可以办理微信自助提取，非常便捷，相当于直接用公积金还贷。剩下的部分需要自己用工资去顶，但是每个月的金额都是固定的。那么，在你的个人财务报表里面，已经提前记录好。因此，每个月记账时，不必再专门考虑这项支出了。

3. 大额支出

比如，8 月我和太太都有大额支出，我交了物业费和水电费，我太太基于出行需求，买了一台小电动车。如果按照之前的预算，很显然支出一定会超。如果在支付这笔款项时，没有用微信钱包，那么针对这类大额支出，应该如何处理呢？

大额支出必须进行摊销，不然每个月的账单就会乱掉了。

具体来讲，像物业费、水电费、取暖费，这些都可以简单摊销到每个月，金额基本是不变的，也就成了每个月固定支出的一部分。可以把它列在自己财务报表支出现金流里面的"住"这一类。

像电动车这种，属于大额消费类，手机、电脑等都算在这一类，甚至包括给孩子报的早教班。这种支出摊销需要自己定一个时限，比如 6 个月或者一年，太太的电动车摊到了 6 个月，相当于近半年每个月有了 400 元的固定支出。

其实，如果大额支出用的是信用卡或者蚂蚁花呗、京东白条，同时分期支付没有手续费，就相当于帮助我们摊销了支出。

4. 意外支出

按照上面的思路,稍微梳理一下自己所有的支出情况,每月会自然生成很多固定支出,比如贷款、房租、大额费用的摊销等。这些支出都是不会大变的,怕就怕意外支出。

有人会想,既然是意外支出,那么,不可能每个月都有? 实际情况是,每个月都会有意外支出。比如吃饭,按常理,如果都是在家做,餐费应该也在可控范围之内。但每个月总有几次,想出去吃点儿什么好吃的,一两人下饭馆一次,一两百元就花掉了,要是和朋友聚餐,花得自然更多。比如,6 月有一个亲戚过来看望小孩,在饭店吃饭,一下子花了 600 元,给小孩包红包收了 200 元,净支出 400 元。

再者是看病,医药费是典型的意外支出。比如发烧头疼等,虽然问题不大,但看病吃药也可能花掉几百元。另外,微信红包,有进有出,计算时取一个收红包和发红包的差额。

5. 可报销费用

通信费、餐费和油费支出都是实际发生,如果公司有福利可以报销,这种情况怎么处理? 也要记在支出里,因为这是实际产生的支出。可报销获得的金额记在收入那里即可。

车的保养和保险则要作为固定摊销。由此可见,车固然带来了方便,但它带来的支出现金流也需要我们仔细考量。

这样算算,每个月的固定摊销,已经占了支出很大的比例。

记账主要针对的是当月的收支情况,从理财的角度看并不全面,我们想要梳理清楚自己的财务状况,还需要进一步统计更多数据,需用到家庭财务报表。

4.1.2 制作家庭财务报表

专业股票投资者,尤其是价值投资者眼里,一家公司的财务报表(以下简称财报)是极其重要的,必须仔细查看。财报不仅可以展示公司过去的经营业绩,反映经营情况的变化。同时也能在一定程度上看出公司未来的发展预期。

有句话说得好:像管理一家公司一样管理自己。上市公司每个季度都需要做财报,那么,个人和家庭也需要制作自己的财报。

零零散散的财务数据并不能带来效果,需要通过财报将它们整合在一起,我们才可以更清晰地梳理自己的财务状况,进而提高自己的财务管理水平。

1. 财报的主要内容

企业财报主要包含三类大表：资产负债表、利润表和现金流量表，分别对应企业的资产情况、盈利情况和现金流状况。

对于个人来讲，资产负债表和现金流量表和企业财报类似，但利润表会有很大的不同。这是因为企业一般都是销售产品，收入就是销售额，成本则是原材料、人员支出、贷款利息等相加，二者相减就是利润。个人除非是自己做生意，可以用和企业一样的财报方式来做利润表。但多数人都是上班族，并没有销售收入，那应该怎么做呢？这里先卖个关子，后面会讲到。

企业财报是一个季度做一次，个人因为工资都是月结，所以需要一个月做一次。做完后既可以每个季度做一次总结，也可以半年做一次总结。总结也很简单，把数据相加即可。

下面进入具体的制表环节。

2. 资产负债表

先看资产负债表。在总资产方面，储蓄、房产、车、投资都需要列举清楚。储蓄最简单，有多少写多少就好了，如图 4-1 所示。

资产负债表 (2019年)					
资产		1月	2月	3月	1季度
固定资产	房产1	183.6			
	房产2	149.5			
	车	7			
	其他	0			
投资性资产	股票类	52			
	基金类	14			
	其他				
现金	余额宝	1.5			
	现金				
	微信钱包	0			
	银行卡	3.4			
应收账款	对外借款	0			
总资产合计		411			
负债					
贷款类	房贷	104.5			
	房贷2	57.8			
	车贷	0			
	信用贷款	29.4			
信用类	信用卡	1			
	花呗	0			
	京东白条	0			
应付账款	借别人款	0			
总负债合计		192.7			
净资产		218.3			
负债率		46.9%			

图 4-1 资产负债表

具体来讲，可能会有以下几种情况：

- 资产负债表一般不需要每月更新，可以一个季度更新一次，除非遇到重大变动，比如买卖房产之类。

- 房子要写购买时的总价，还是现在的总价？建议是写现在的总价，虽然按照企业财报的标准，是要写购买时的价格，但我觉得个人和企业还是有所不同的。对于个人来讲，房子在财富体系中的位置相当重要，而清楚房子当下的价值，对于个人的财务状况肯定是更加有利的。

- 车子也存在同样的问题，也写当下的估值，当然车子与购买时相比，肯定是贬值的。

- 投资包括很多项，其实房产也可以算到投资里，主要有两部分：一是实业投资；二是金融投资。实业投资，比如出钱开了一家奶茶店，建议把投资额写上就好，因为不好判断现在的估值；金融投资包括股票、期货、基金、银行理财等，同样，也建议写上自己的初始投资金额。当然也有例外，就是一轮投资已经结束，比如股票全部卖出，已经落袋为安，这时就需要更新财报，把实际金额写上。

- 负债，除了房贷、车贷，还包括信用卡、蚂蚁花呗、京东白条及各种贷款借款类，都需要明确写上。当然，房贷、车贷的实际欠款额，要减去已经还款的部分。

- 将总资产和负债二者相减，得出个人的净资产，也可以算出自己的负债率。负债率因人而异，保守的人只有房贷，负债率很低，不到50%，激进的人债台高筑，负债率能达到惊人的80%。

3. 现金流量表

现金流是一家企业经营的"命门"，对于个人来讲则更加重要。而我们对此也是比较敏感的，比如在买房时，都会计算自己的还款能力，月供多少钱，占工资收入的百分比是多少。这里面体现的就是现金流意识。

企业财报的现金流量表里，基本只有三大数据：现金流入、现金流出及现金余额，流入主要包括收入和融资，流出是支出和投资，期初的金额加上流入减去流出就是本期的余额，如图4-2所示。

个人的现金流量表同样以月为单位编制。现金流入主要包括两类：工资现金流和投资现金流。工资现金流容易理解，需要注意的是：要把工资、公积金和补贴等全部列进去。投资现金流稍微复杂一点儿，既有流入也有流出，流出是指当期进行的投资，比如买了什么基金、入股了一个小项目、买房等。流入是指资产带来的现金流，比如基金和股票的分红、项目的利润回收、房租收益等。

现金流量表						
上年余额		10 000				
		1月	2月	3月	4月	5月
工资现金流	公积金1	2 000				
	公积金2	1 500				
	补贴	1 000				
	工资1	10 000				
	工资2	5 000				
合计		19 500				
投资现金流	股票分红	1 000				
	基金分红	0				
	项目收益	1 000				
	房租收益	0				
	项目投资	-3 300				
	股票投资	-5 000				
	基金投资					
合计		-6 300				
创业现金流	公众号					
	社群	500				
合计						
支出现金流	房贷	-4 000				
	其他贷款	-1 000				
	生活固定摊销	-1 000				
	必要消费	-3 000				
	非必要消费	-1 000				
合计		-10 000				
非必要消费率		25.0%				
储蓄率		48.7%				
财务自由度		20.0%				
现金流量合计		3 200				
现金流余额		13 200				

图 4-2　现金流量表

支出是指与生活相关的支出，包括衣食住行，除贷款的还款之外，很多小额的支出都需要记录在内。

最后将总流入减去总支出就是本期的现金流量，与上一期的余额相加，得到本期的现金流余额。

4. 利润表

企业经营会销售产品、产生利润，个人上班则只能赚取工资，似乎不存在利润。关于利润表怎么做，以下三种思路可供大家参考：

第一种思路，用总收入减去总支出，剩下的钱视为利润，但这种算法并不严谨，而且从现金流量表中已经可以体现，没必要单独列表。

第二种思路，对工资收入进行拆解，思路来自《要钱还是要生活》一书，工资的收入是固定的，但大家有没有想过一个问题：有相当多的支出，都是因为工作而产生的。比如，上班的通勤支出、对外应酬的费用、工作劳累的看病支出等。如果不上班，我们的支出也会下降很大一个比例。

因此，实际工资收入，应该是减去工作衍生支出后的金额，这个金额可以视为利润。但它也不严谨，因为没有考虑到打工人最大的成本——时间成本。

第三种思路，打工实际上出售的是自己的工作时间，时间才是打工人的成本。

每个人可以把自己的时间定一个单价，比如 400 元 / 天，但我更建议按小时计算，比如 50 元 / 小时。工资则是兑换时间的收入，由图 4-3 可知，假如一个月工作 21 天，每天 8 小时，总的时间成本是 8 400 元，如果收入是 10 000 元，利润就是 1 600 元。当然，你也可以完全按照自己现在的实际时薪来计算。

		1月	2月	3月	1季度	4月
工资体系	收入（元）	10 000				
	每月投入时间(小时)	168				
	时间单价（元/小时）	60				
	时间成本（元）	10 000				
	利润（元）	0				
	利润率（%）	0				
投资体系	收入（元）	1 000				
	每月投入时间(小时)	10				
	时间单价（元/小时）	60				
	时间成本（元）	595				
	利润（元）	405				
	利润率（%）	40.5				
创业体系	收入（元）	0				
	每月投入时间(小时)	20				
	时间单价（元/小时）	60				
	时间成本（元）	1 190				
	利润（元）	−1190				
	利润率（%）					

图 4-3　利润表

给自己时间定价的最大意义在于知道自己最宝贵的东西是什么：时间或是生命。除去工资体系，还有投资体系和创业体系。同样，可以按照自己初定的时间成本来算，如果有收益，比如 1 月投资收益 1 000 元，花了 10 个小时，利润率可以达到 40%，非常可观。

创业体系也是类似的，如果还没创造收入，只能是负利润率。

5. 总结

通过财报，可以清楚地看到自己到底花了多少钱、花在了什么地方，也可以看到自己的负债情况和收入变化，最重要的是可以知道自己的时间卖得值不值得，应如何改进。

4.1.3　房子，资产还是负债

我们有时应静下心来认真地想一想：房子，到底是我们的资产，还是负债呢?

1. 核心区别

首先，必须搞清楚概念，到底什么是资产，什么是负债，二者的核心区别是什么?这两个词都是用于企业财务分析的，从财务的角度讲，资产是由企业拥有或者控制的、预期会给企业带来经济利益的资源。负债是指预期会导致经济利益流出企业的现时义务。

企业的分析相对复杂，针对个人用大白话来讲，资产是让钱进来，负债是让钱出去。好比一个水池，里面的水就是你的钱，往里注水的进水管可以称为资产，往外放水的排水管就是负债。

按照这个概念，看一下平常自己认为是资产的东西会不会有所变化。比如车子，虽然还有一定的价值，但别忘了，一旦买了，立刻贬值，而且油费、保养费、保险费等都在持续让现金流出。如果贷款买车，流出的现金会更多。这样车子是妥妥的负债了。诚然车子会给我们带来很多便利，但这种便利是用现金流的流出作为代价换来的，需要自己评判值不值得。

2. 房产分析

房子是资产还是负债呢? 需要按照不同情况来分析。比如，A 全款买了一套100 平方米的房子，花费 200 万元，买完后自己并未居住，而是出租，每年租金可收 3.6 万元。B 贷款买了同一套房，首付 60 万元，贷款 140 万元，买完后自己居住，年还款额约为 9 万元。

假如 A 跟 B 买的是同一套房，谁是资产谁是负债呢?

这个还是比较容易区分的，A 的房子对他来说是资产，会产生持续的现金流收入，B 的房子对他则是负债，每年现金流会流出。

如果 B 买房之后也进行出租，租金同样是 3.6 万元，但由于房贷的还款额是9 万元，现金流还是负数——年流出 5.4 万元，房产仍然是负债。

同理，如果 A 买房之后没有租出去，房子一直闲置，每年需支付物业费、取暖费，则他的房子也可以认定为负债。

在财商游戏现金流中，不管是小生意还是大买卖，只要参与到一次房产交易中，首先必须满足现金流是正的，也就是出租的收入必须大于房贷等的支出，如果不是正的，一般都会直接放弃这次机会。但在现实中，为什么房产明明是负债，我们还是义无反顾地买呢？

3. 房产买卖

投资者愿意买房的原因自然是对未来房价上涨的预期。很多人买的房产都是期房，在收房之前都不能出租，即使能够出租，除非是大城市特别好的地段，否则租金的收入与贷款的还款额比起来实在是不值一提。

大家买房的最大动力多是来自上涨的房价，想着将来房价涨起来后出手以换取差价。由于股市经常大起大落，让很多人敬而远之，买房成了很多普通人的钱保值、增值的一个途径。

继续刚才的例子，如果房价快速上涨，一年后，由原来的2万元/平方米上涨到3万元/平方米，这时A和B都选择了出售。对于A而言，200万元变成了300万元，资金回报率达到了50%；对于B来说，同样是300万元出售，他的获利约为32万元，对比60万元的本金来看，资金回报率超过了50%。

由此可见，贷款买房，虽然现金流是负的，但在资金不多的情况下利用杠杆，享受到房价上涨带来的红利，还是非常划算的。在现金流游戏中，房屋出售以换取差价，也是积攒资金的一个好办法。

虽然可以一步步积攒初始资金，但为了达到财富自由的最终目的，把积攒下来的钱投到资产上去，产生持续的现金流才是"游戏"的制胜之道。

4. 思维方式

如此看来，房子是资产还是负债，决定权在于自己的思维方式。

只有清晰地知道房子在自己的财富体系中发挥什么作用，通过房子来改善自己的财富状况，把房子作为自己掌握财富的工具，这时才可以成为房子真正的主人。

4.2 分析规划

上一节通过记账、制作财报和理解房产，已经将自己的财务状况可视化。但要想进一步作出理财的决策，还需要对表格进行分析，找出其中的重点指标，进行针对性的方案设计，并对自己的资金进行规划分类，以便自己进行处理，这才是理财的正确顺序。

4.2.1　重点指标分析

理财初期，资产负债表和现金流量表一定要认真填写，填完表后，只需分析四个关键指标：负债率、储蓄率、非必要消费率和财务自由度。

1. 四个指标

首先是负债率，来自资产负债表，是指总负债与总资产的比率，见表 4-1。

表 4-1　资产负债表

单位：万元

总负债合计	192.7
净资产	218.3
负债率	46.9%

如果负债率高，那么只可能有以下两种情况：一是房贷或是其他大额贷款在个人或者家庭资产中的比重大，这种情况不是理财可以解决的，只能去努力增加收入；二是有一堆信用卡分期待还或是消费贷（比如车贷）之类，这种情况属于理财范畴，你需要好好规划一番。如果你的负债率是 0，则是无债一身轻的状态。

后面的三个指标（储蓄率、非必要消费率和财务自由度），都来自现金流量表，见表 4-2。

表 4-2　现金流量表

单位：元

非必要消费率	25%
储蓄率	48.7%
财务自由度	20%
现金流量合计	3 200
现金流余额	13 200

先看储蓄率，是指每个月储蓄的钱与工资收入的比率。公式为：储蓄率 =（工资收入 − 总支出）÷ 工资收入。如果储蓄率能够达到 50% 以上，则是非常好的财务状况。如果储蓄率不高，则需要你继续分析规划，看如何提高。如果你是月光族，那么储蓄率可能是 0 甚至是负数，就更要看下一个指标了——非必要消费率。它是指非必要消费在当月消费里所占的比例。公式为：非必要消费率 = 非必要消费 ÷（非必要消费 + 必要消费）。

记账让我们已经把所有的支出情况都记录在案，在填表时进行了归类。一般的分类形式是衣食住行，但这对于理财没有直接帮助。因此，将支出现金流划分为四类：贷款还款、固定摊销、必要消费、非必要消费。其中，房贷还款不用多言，其他贷款还款包括车贷和已经发生的消费贷款分期，因为是过往发生的，不能改变，必须要还，所以单独列出。

固定摊销在4.1.1已经分析过，这里不再赘述。必要消费和非必要消费是当月的消费支出，如何区分是否为必要消费则是完全主观的，没有明确的标准。但是，相信只要自己肯踏实记账、填表，就一定可以给出一个划分的标准，而且随着理财过程的深入，这个标准会逐渐完善和成熟。

比如，买衣服和吃饭，每月买两件衣服，下两次馆子，算是必要消费，超出上述次数的支出可以算在非必要消费里。再如本月买了很多东西，你可以在月底做一次盘点，把它们按照必要和非必要消费进行划分，一般情况下，冲动消费的很多东西都会被自动划入非必要消费里。

最后一个指标是财务自由度，是指非工资收入和总支出的比例，它的意义在于衡量财务自由的程度。假如非工资收入可以覆盖掉总支出，则说明达到了财务自由。

到这里，我们会发现，避免非必要消费和如何用钱生钱才是理财的两大核心命题。

2. 典型方案

基于上述分析，不难看出个人财务状况上存在的问题，然后，针对不同的问题对症下药即可，下面是几个典型的情形：

一是负债率高且不是房贷的情况，正常来讲，出现这种情况的人，每个月的储蓄率肯定很低而且非必要消费率很高。如果能够下定决心好好理财，痛定思痛，严格控制每个月的消费支出金额，能不花的钱一分也不要花，能存下来的钱都存下来（当然这很难，有个人帮忙监督是最好的）。只要坚持几个月，财务状况就会有明显的好转。

二是储蓄率和非必要消费率都很低，这种情况不用研究理财，应该好好研究如何挣钱。

三是储蓄率低、非必要消费率高。这应该是最常见的一种情况，应对的思路是做预算。在已有的两率（储蓄率和非必要消费率）基础上，适当提高储蓄率、降低非必要消费率，然后给出具体的金额。当每月工资到手后，第一时间把对应的金额储蓄下来，剩下的钱用于消费。在下个月时，如果感觉还行，则可以继续提高储蓄率，循序渐进。

4.2.2 提高财务自由度

财务自由度是指自己的非工资收入与总支出的百分比。在实现财务自由前，我们的目标就是一步步地提高自己的财务自由度。其中，总支出好理解，只要坚持记账，就可以得到一个准确的数额，一般以年为单位，再平摊到每个月中。

非工资收入是指工资以外的收入，其中最吸引人的一种叫作"睡后收入"。

1. 什么是"睡后收入"

"睡后收入"，字面意思就是睡着了以后还能获得的收入。

首先，创业肯定不能算，副业也不能算，虽然属于非工资收入，但是与打工一样要付出巨大的精力和时间。投资中的炒股也不能算。炒股的人一般天天盯盘、频繁交易，是一项工作，不能算是"睡后收入"。比如，做社群、写文章、港股打新等都不能算作"睡后收入"，因为付出的精力非常多，每天的工作量很饱满。但是参与跟投分红、股票持有的分红、A 股打新、其他一次买入长期持有的投资策略获得的收益，都算是"睡后收入"。因为需要自己投入的精力很少，或是只要一次性投入精力。

2. "睡后收入"的种类

普通人可以接触到的最常见几类：房租、投资小生意后的分红、投资股票获得的分红、一些固定分红类的理财产品，以及长期投资股票或基金躺赚的收益、出书获得版权等。

总而言之，它是基本不用耗费太多精力打理，可以给自己带来稳定的现金流，覆盖掉自己的生活支出。

3. 存款

接下来思考一个问题：你只有一定数额的存款，没有其他类型的非工资收入，财务自由度怎么算？请注意，即使没有任何副业，财务自由度及"睡后收入"也一定不是 0。

举个极端的例子，如果你有一亿元，即使不投资增值，财务自由度也是超过 1。

但如果只有 10 万元呢? 可以购买货币基金和银行固定分红类的理财产品,它们都是固定分红,且可以随时提取本金。获得的收益,就可以理解为自己的"睡后收入",也可以让自己的财务自由度提高。比如,每月 250 元的"睡后收入"。如果月支出是 2 500 元,那么,财务自由度起码达到了 10%。如果有了 100 万元,按照"睡后收入"来算,财务自由度已达到了 100%。

4. 总结

不难看出,影响财务自由度有三个因素:本金的数额、收益率的高低,以及总支出的多少。如果想提高财务自由度,最简单的办法其实是控制支出。

至于本金,需要努力工作、慢慢积累、积极储蓄。同时,学习实践一些资产增值的方法,本金多了之后,自然用得上。核心是不要只把自己手里的现金当成现金,而要把它理解并转化成资产。

4.2.3　资金规划

在了解自己的财务状况、确定了努力的方向后,在我们正式开始投资即钱生钱之前,还有一个非常关键的动作——资金规划。本节主要讲解资金规划的方法,分为三部分,为了更加形象,分别称为"打底裤""定时炸弹"和"金鹅"。

1."打底裤"

"打底裤",是保证安全用的。学术一点儿,称为财务安全备用金,《财务自由之路》一书中也提到了这个观点。

财务安全的金额是家庭几个月的总支出,一般最少是 6 个月——即使半年时间没有收入来源,这笔钱也可以帮助家里应付所有的支出。人生在世,难免会遇到一些突发状况,这笔备用金在关键时刻可以发挥巨大的作用。

那么,这笔财务安全备用金如何处理呢? 最佳方式是单独设置一个活期银行卡账户,不用太考虑收益率,存入货币基金也可以,但尽量不要放在余额宝或者微信里的货币基金,因为自己太容易挪用。当然,考虑到实际情况,如果工作比较稳定,我认为财务安全的金额可以调整为三个月的总支出。

总结,不管额度是多少,财务安全备用金不能随便挪用,就像是"打底裤",一定要留好。

2. "定时炸弹"

之所以用"定时炸弹"这么醒目的词，是为了强调这笔资金的时限性。在现有的资金里，三年内可能要用到的钱，都属于"定时炸弹"，不宜进行高风险的投资，比如股票、主动股票基金甚至是指数基金。如果投资了高风险的品种，处于浮亏状态时，恰巧需要用钱，那么，这颗"定时炸弹"就爆炸了。

针对这笔资金，最佳投资方式应是银行的定期理财产品，固定收益率的那种，当然一定要仔细核对是否为银行自己发行的，不是代售产品，风险会相对小很多。根据自己的安排选择对应的时限，比如半年、一年等。市面上微信、支付宝也有不少类似的产品。当然，债券型基金也是一个选择，但基金的价格会波动，需要持有最少一年时间才可以保证收益。

总结：这笔钱的流动性非常重要，万不可用于长期投资，以免引爆定时炸弹。

3. "金鹅"

"金鹅"，就是下金蛋的鹅，这部分资金才是正儿八经用来投资的钱。即在自己的资金分配过程中，需要先把"打底裤"、"定时炸弹"的资金准备好，之后剩下的才是"金鹅"。一句话总结：工薪族投资一定要用闲钱，最少是三年不用的钱。

可在现实生活中，很多人可不是这么操作的。更有甚者是拿着自己所有的家底去做投资，幻想着可以在短期翻倍，结果亏得一塌糊涂，再加上急需用钱，不得不割肉离场，这不叫投资。

不要想着通过理财暴富，当你手头没钱时，还是要自己努力工作积累原始资本。也不要沉迷于理财，对大部分人来而言，同样的时间学习比花同样的时间理财的收获要大得多，除非你有了上千万的资产可以用来理财投资。

当你没有太多原始资本时，理财更多的作用是改善财务状况，协助积累原始资本，而不是赚钱。关于具体投资的方法会在后面的章节中详细讲到。但无论是什么投资方法，都有一个共同的原则：投资必须要长期。长期来看，有的年份可能浮亏，有的年份可能大赚，有的年份波澜不惊，但是年份越长，综合收益率就会越稳定。

4. 大道至简

理财的道理就是如此简单。

　　只需根据实际情况，因地制宜，做好理财记录、分析和规划，并找到适合自己的投资策略。正所谓：谋定而后动。

　　记录每笔消费的同时，也是在记录自己的点滴生活；当你判断区分每一笔消费是否为必要时，也是在选择自己的生活方式。把钱存下来并且持续投入到可增值的资产中时，也就是在慢慢变得富有。

第 5 章

理财三部曲之二——理财方案

5.1 理财方案

上一章的财务梳理是设计理财方案的前提，也是个性化的基础，有了前面的梳理过程，我们才能了解一个人或者一个家庭的财务现状、理财目的、风险等级等情况。

本章将进入方案设计阶段，结合上述财务梳理的结果，确定理财需求后，就可以在几个基础理财方案中进行选择，最后才是选择合适的理财投资对象。而基础的理财方案主要有三个，为了进行匹配，这里归纳了五个指标供大家来进行参考。

5.1.1 五个指标

理财一定是个性化的，因为"我们不一样，每个人都有不同的境遇"。不可能每个人都像巴菲特那样，重仓某只股票几十年。也不可能像网上的一些"大V"，有无限的现金流支撑自己不断地买入或是能保证自己一直过着富裕的生活。我们很可能面临着房贷、车贷的巨大压力，很可能上有老下有小需要照料，也可能接受不了超过 20% 的波动，更可能在未来的某一天急需用钱。正因为每个人情况不同，所以，要找到最适合自己的理财模式。

那么，如何判断适合哪种理财模式？这里归纳了五个指标供大家参考。

1. 本金的量级

注意，这里的量级并不是指绝对金额，而是这个金额与你年收入或支出的比例关系。

假如我们的年支出是 12 万元，平均每月 1 万元。如果本金是 1 万元，它相对于 12 万元是一个非常小的数量级。这时你不应该投入太多精力在投资理财上。因为 1 万元即使翻倍，也只有 1 万元的收益，这个收益并不能做太多事情，我们此时的重心应该放在工作创收和积累本金上。

如果本金积累到了 100 万元，是年支出的八倍多，这就是一个很可观的数量级，值得我们投入更多的时间精力去做资金的规划。

我们可以按照本金的数额和年支出的比例大小进行一个简单的划分：

1 倍以下，不应在理财上投入太多精力，或是应该以学习知识和积累经验为主。

1 ~ 10 倍，逐步增加对理财的关注度，期间可以考虑做一些积极性的配置。

10 倍及以上，务必重视理财投资，学习摸索出自己的理财模式。

20 倍甚至 25 倍以上，已达到初级财务自由的标准，自然要把理财投资放在更重要的位置上。

2. 资金的使用期限

即这部分钱能用于投资多久，一般来讲，一年以内都可以叫作短期。一到三年可以叫作中期，三到五年可以称为长期，而如果是五年甚至十年以上则是超长期，或是永远用不到的钱。巴菲特用来投资的钱是永远用不到的钱，这也是我们无法企及的根源。

想要认识到资金的使用期间，就意味着我们按照财务报表做好自己的理财规划，提前考虑到未来的资金消费需求。因为投资最怕的一件事就是期限错配，比如，你看好一家公司的发展前景，买入准备长期持有，结果买了一个月，遇到事情需要用钱不得不亏损卖掉。

3. 预期收益和波动承受度

一般来讲，预期收益越高，相对应的波动承受度越大。比如，我们想要 20% 的年化收益，却只能承受 5% 的波动，这是不大可能实现的。关于这个指标，在券商开户时会做风险测试，其中就有一道相关的题，具体如下：

假设有两种不同的投资：投资 A 预期获得 5% 的收益，有可能承担非常小的损失；投资 B 预期获得 20% 的收益，但有可能面临 25% 甚至更高的亏损。您将您的投资资产分配为（　　　）。

A. 全部投资于 A

B. 大部分投资于 A

C. 两种投资各一半

D. 大部分投资于 B

E. 全部投资于 B

其实，这些风险测试非常务实和有用，但是大多数人做的时候可能只是随便一填，没有经过认真的思考。

我想强调一下，每个人必须要准确衡量自己对于波动的承受度。不能想当然地认为自己能接受 20% 的回撤，但当它实际发生时，你却完全接受不了。

有一个小方法：用具体的金额来衡量，而不是百分比。比如我们准备用 10 万元做投资，回撤 20% 可能没有直接感觉，但如果变成账面浮亏 2 万元、剩下 8 万元市值，你就很容易感受到了。

4. 可以投入多少时间和精力

投资圈有一句话：财富是认知的变现，那我们如何提高认知呢？唯有付出时间去学习理论知识，同时在实践中总结经验教训。如果你平时工作很忙，下班后也没有太多时间去学习和研究，那么，自己需要根据实际情况选择理财方案，也自然不能追求过高的收益率了。这个指标虽然不太好量化，但我觉得可以设定以下两个参考数据：

一是已经读过的投资理财相关书籍的数量，按照 10 本以下、10 ～ 50 本、50 本以上分为 3 档。

二是每天可以投入在投资理财（包括读书学习）的时间，按照半小时以内、0.5 ～ 2 小时、2 小时以上分为 3 档。对应着入门、进阶及精通。

5. 现金流及它的确定性

这个指标与上面几个指标是有关联的。如果现金流非常稳定，而且将来也有很大的确定性，则意味着本金会越来越多，投资的期限可以更长，预期的收益也可以更高一些。稳定充沛的现金流甚至可以打造无敌的投资模式，则是不缺钱花、一直买入，直到涨得很高时自己才考虑卖出。

巴菲特正是这种模式，因为他旗下还有保险公司，保费收入是源源不断的现金流，他不仅不需要从投资账户中取出资金，反而可以不断投入，这种模式拉长到几十年的周期里，几乎是无敌的。

对于我们的启发是：务必重视自己的现金流。

大家在网上可能会看到某些人说：自己股市一天的波动是一个月的工资，可能在牛市赚了些钱，然后选择辞职炒股。

我认为断了工作的现金流，想要通过投资带来现金流，是非常危险的理财模式。股市好时，它会掩盖一些问题，当股市不好时，它会让人无所适从。即使做不到现金持续加码投资，也至少做到收支平衡，不让生活所需的支出，影响到投资决策。

5.1.2　灵活保本型

顾名思义，方案的特点就两个：灵活和保本。

1. 简介

灵活的意义在于，可以快速地进行支取，即流动性较好。目前绝大多数的证券类产品都满足这个条件的，收取快一些的产品隔天可以支取，收取慢一些的产品3 ～ 4 天后也可以回到自己银行卡里。

投资里有个不可能三角，也即投资的安全性、流动性和高收益，它们不可能三者兼顾。房子安全性高，长期收益也不错，但是流动性较差，投资者想要变现比较困难，需要有卖出的撮合期、成交期，以及资金到账期。股票类资产长期收益较高，流动性很好（当天卖出、隔天可取），但是安全性差一些，因为波动比较大。

如果你想要兼顾流动性和安全性，自然不能指望有很高的收益率，灵活保本类则是满足这种需求的理财方案了。当然，保本的意义就在于此，首要目的是保证本金的安全，次要目的才是获取收益。

2. 对应指标

了解了灵活保本类方案的特点，才能根据自己的需求进行选择。那么，这种方案对应上述哪几类指标呢?

本金数量级方面：多点儿少点儿都可以，毕竟灵活保本，随时拿来换作其他用途也没有影响。

使用期限方面：一般适用于短期和中期的资金。

预期收益和波动方面：在 3% 以下，波动极小。

投入时间精力方面:不用投入太多精力，只需要理清楚自己的需求，找到合适的产品。

现金流方面：这部分资金可以视为活钱，作为现金流的补充，遇到紧急情况时，可以取出使用。

3. 用处

不难看出，灵活保本型的理财方案最适合的投资者，是对安全性要求最高的老年人及对投资收益没有太高要求或是只想保值的新手小白。对于偏激进的投资者而言，灵活保本类方案的作用基本等同于现金。

同时，安全储备金要求手里的资金需要先留下一部分，用于未来一段时间的生活支出，这类资金最好的去处是灵活保本型的理财方案。

明白这个方案的特点，以及它的用处之后，再去看方案里有哪些具体的产品。

4. 对象

基本有四类产品属于这个方案。

第一类，银行存款。

现在利率极低，活期仅为 0.35%，定期有时间限制，灵活性差一些，而且利率也不高，三年期也仅有 2.75%。但好处是安全性最高，50 万元以下的存款是绝对安全的，这里的安全是指即使银行破产，也会有央行兜底，这部分钱不会要不回来。

这里需要强调一下，在各类理财平台上，大家都会看到高息存款的信息，利率高达 4%，这些肯定都是小银行用于吸引储户的方法，安全性方面，50 万元以下仍然没有安全问题。但如果真的出事，出现了挤兑，甚至最坏的情况（银行破产）发生，等到央行兑付会有很长的一个周期。

第二类，货币基金。

关于货币基金，会在第 6 章投资品种里详细介绍。

总而言之，它是大家更喜欢的一个产品，流动性好，收益率不高但也有 2% 上下，安全性方面虽然不如银行存款，但也在绝大部分人的风险承受范围之内。

第三类，国债、地方债、公司债，以及对应的纯债基金。

关于债券，会在第 6 章投资品种里专门介绍。

总体而言，债券类产品因为具有还本付息的属性，安全性是有保障的，按照发债人主体的信用等级评判，等级越高，安全性越高——国债最高，地方债次之，公司债略差。

债券收益来自于两个方面：一是利息；二是产品本身价格的波动。正因为价格会波动，所以，这个产品与前面二者（国债、地方债）的参考指标有所不同。

投资时限更长一些，灵活性所下降，有可能出现暂时的亏损，但如果持有半年以上，亏损的概率会变得很低。

预期收益更高一些，4% 甚至更高，与之对应，也要承受小幅的价格波动。

第四类，其他固定收益类产品。

保证收益型银行理财，但自从监管部门要求去刚兑之后，银行逐步减少固收类产品的发行。现在已经比较少见了。

但我们还是需要特别注意，理财产品的安全性和存款是完全不一样的，存款 50 万元以下可以保证绝对安全，理财是没有这个保障的。

当然，投资银行理财产品一般需要签署合同，其中的条款会有明确规定，这往往容易被大家忽视，一定要注意。

保本固定收益凭证，这类产品的发行主体是券商。一般用于券商账户里的闲置资金，与银行理财产品差不多。其他还有一些打着固定收益噱头的产品，其实风险很大，最典型的例子是前些年频繁爆雷的 P2P 产品，在其高峰期，利率甚至能超过 10%，这种高利率是不可持续的。正如第 3 章理财必备的七个常识所讲：一定要知道自己买的是什么，收益来自于哪里。

大家只要记住一句话：高收益对应着高风险，如果你只看到了高收益，却不知道风险在哪里，那么一定不能参与。

5.1.3　稳健配置型

本节介绍稳健配置型理财方案，它的特点突出两个字：稳健。

1. 简介

稳健的意义在于追求一定收益率的同时，不想承受太大的波动和未知的风险，实现它的方法主要是资产配置。

投资的安全性、流动性和高收益三个要素中，该方案相对均衡一些，即收益尚可、安全性还行、流动性较高。

收益的提高来自更多长期高收益资产的投资，比如债券、股票。

安全性较灵活保本型有所下降，正是因为选择了上述资产，波动有所提高，可能会出现短期的浮亏。

流动性方面，除房产外，其余证券类资产的变现是非常容易的，但不是完全保本，在浮亏的情况下会增加卖出决定的难度，所以，相对于灵活保本型，它的流动性要差一点。

2. 对应指标

稳健配置型理财方案的五个指标分别如下：

本金数量级方面：多少都可以，但一般来讲，越是大额的资金，对收益稳定性的要求越高，能承受的波动越小，也越适合该方案。

使用期限方面：一般适用于偏中期（6个月以上）和长期（3年以上）的资金。

预期收益和波动方面：在 4% ~ 8% 的区间，会有一定的波动。

投入时间精力方面：需要投入一定的精力，了解不同资产的特点、确定不同的配置比例，过程中还需根据情况进行再平衡的操作。

现金流方面：该方案可以通过设计打造现金流，比如，选择高分红的一些产品，方案中的现金或者灵活保本型的配置可以在紧急情况下提取使用。

3. 用处

因此，该方案最适合以下两类投资者：

一是对波动较为敏感的大量长期资金，追求较小波动下的长期稳健收益。

二是资金使用时间有限制的中期资金，通过配置兼顾收益、波动和流动性的要求。

对于偏激进的投资者而言，可以拿出其中的一小部分单独用于股票类资产的投资。这个方案最经典的搭配是永久组合和股债平衡，会在第7章投资体系中详细介绍。

明白这个方案的特点，以及它的用处之后，再去看方案里有哪些具体的产品对象。

4. 对象

这个方案对于各类产品的包容性非常强，甚至是绝大多数的资产类型都可以纳入考虑范畴之内。

选择其中最有代表性的四种进行简单介绍。

第一类，前文提到的现金类资产，以货币基金为代表。

第二类，贵金属和资源类资产，它是灵活保本型方案中没有的选项。具体来讲，贵金属以黄金为主，投资方式主要考虑黄金ETF或者实物黄金；资源类以原油为主，投资方式也主要是各类ETF。虽然有涉及，但这两类的配置比例不会太高甚至干脆不配置。该方案配置的资产以后面两类（债权类资产和股票类资产）为主。

第三类，债权类资产。

除与灵活保本型中一样的纯债基金外，还可以配置可转债基金，关于可转债，会在第 6 章中详细讲解。

第四类，股票类资产。

股票的特点非常明显，长期看收益最高，但波动也最大。在稳健配置型的理财方案中，股票的配置形式一般以指数基金的形式出现，比如前面提到过的沪深 300 指数基金、标准普尔 500 指数基金等。因为是一揽子股票的组合，波动比直接投资股票还是要小一些的。

股票是该方案中最具灵活性的资产类型，体现在以下两个方面：

一是可以根据自己的风险偏好调整股票的配置比例，一般而言，对收益要求越高、波动承受能力越强，股票的比例越高。

二是可以放眼 A 股乃至全球，选择各种不同类型的指数组合。

在 A 股，除标准指数外，还可以配置红利指数基金以获取稳定现金分红，配置行业指数以获取行业发展红利等。港股、美股也都在可配置的范畴内。

其实，现在很多"大 V"做的基金定投实盘，基本都是这种玩法，以债券和股票为主，同时在股票类资产中选出各种各样的基金去投。

5.1.4　激进创收型

本节介绍激进创收型理财方案，它的特点是激进。

1. 简介

激进最明显的表现是对收益率有更高的期望，不管是短期的快速收益，还是长期的高年化收益。

它已经不单单是想实现存量资产的保值增值，而是上升到主动获取高额投资回报的范畴，因此，对投资者的专业能力提出了更高的要求。在投资的安全性、流动性和高收益三个要素中，该方案偏向高收益、安全性和流动性都要更差一些。

高收益来自主动投资，包括主动性股票基金、股票组合、各种套利乃至更复杂的期权期货等。与高收益相对应，该方案的波动更大，安全性自然会差一些。

在流动性方面，激进创收型与稳健配置型相比，要更差一点儿，因为亏损的可能性大，短期变现的难度有所增加。

2. 对应指标

激进创收型理财方案的五个指标评判如下：

本金数量级方面：多少都可以，但一般来讲，大额的资金更为合适，因为要投入精力、承受波动，本金太少了有点浪费时间。

使用期限方面：一般适用于偏短期（6个月以内）和长期（3年以上）的资金，短期资金适用于高风险的短线操作或者低风险的套利，长期资金适用于长期价值投资。

预期收益和波动方面：至少10%以上，上不封顶，波动较大。

投入时间精力方面：需要投入非常多的精力和时间。

当然，首先是要形成自己的投资体系，然后花时间寻找投资标的，买入之后要关注公司经营状况和股票价格、在涨跌之后都要有应对的举措。

如果是短线或者金融套利，则需要投入更多的精力了，不仅要学习相关知识，还要盯盘操作。本质上成了一份工作，而不是常说的钱生钱的被动收入了。

现金流方面：该方案的最佳模式依然是现金流可以持续补充，进行补仓。如果你想从该方案中获取现金流，有两种思路：一是买入高分红的股票，通过股息实现；二是进行短线操作或者套利，但难度较大。

3. 用处

因此，该方案最适合以下三类投资者：

一是期望长期获取高回报的长线投资者，风险偏好较高，可以接受较大的波动。

二是短期想要谋取快速高额收益的投资者，即短线博弈。

三是利用金融知识，进行低风险套利。

这个方案包含的投资方式非常丰富，直接投资股票或者可转债的方法都可以列入其中，不管是价值投资策略，还是不同的炒股技巧、可转债的轮动玩法，还是各种套利手段。期权期货的投资者自然也属于这一类。

明白了这个方案的特点，以及它的用处之后，再去看方案里有哪些具体的产品。

4. 对象

该方案涉及的品种是以股票类资产为主。其中，可转债比较特殊，因为它兼具股票和债券的特性。保守一点儿，可转债基金可以作为稳健配置型方案的投资对象；激进一点儿，直接投资可转债也有很多策略。因此，后面的理财对象和投资体系中，会对它进行深入介绍。

虽然都会配置股票资产，跟稳健配置型方案有所不同的是，该方案基本都是直接买股票，不管是 A 股、港股还是美股。即使是投资原油或者黄金等品种，也会以场内的 ETF 为主。

其实，投资股票，它的门槛确实很低，投资者开户就能买卖了，但要想通过它实现稳定盈利，却是非常难的事情。尤其是靠短线博弈的投资者，纵向实现财富的快速增长。但关于炒股赚钱的真实情况，在第 2 章已经分析过，虽然有赚钱的人，但比例极小。它有赚钱的可能性，但亏钱的可能性更大。

在这些指标里，预期收益和波动是放在一起的，如果想要短期高收益，自然要接受高波动及亏损的结果。同时，肯定要付出很多精力，是否值得，大家心里应该有数。

关于第一种的长线价值投资，有相当多的策略，有时眼花缭乱，不知道该选择哪一种策略。但这些策略都有一些共性，那就是完整的投资体系，理解它，才算学会了投资，下一节中会专门展开进行讲解。第三种的低风险套利方法，我在第 6 章也会提供一些方法给大家。

另外，由于期权和期货类产品，因为自带杠杆，风险系数更高，并不适用于普通投资者，本书就不展开了。

5.2　投资体系

研究和学习投资的过程中，大家一定会听到一个词——投资体系。听起来很高端，那它到底是指什么呢? 打一个比方，它特像武侠里面的门派功夫，少林有易筋经，日月神教有葵花宝典，华山派有独孤九剑。不论哪一门哪一派，学好了都可以闯荡江湖。

投资也一样，有着各种各样的投资体系，十八般武器，数量恐怕数不过来，但大致可分为以下四大类:

保守策略的代表:永久组合、股债平衡、指数基金定投; 时间周期长，3 年起。预期年化收益 10% 以上; 有一定波动，需要投资者投入精力不多。

稳健策略的代表:大数投资、可转债轮动; 时间周期长，3 年起; 预期年化收益 12% 以上; 波动略大，需要投资者投入一定的精力。

激进策略的代表：一是，价值投资体系 3 ~ 8 只股票、控制仓位、大波段加减仓；时间周期长，3 年起；预期年化收益 15% 以上；波动较大，投入很多精力。二是，成长股投资体系 5 ~ 8 只股票、控制仓位、大波段加减仓；时间周期长，3 年起；预期年化收益 20% 以上；波动很大，投入很多的精力。

博弈策略的代表：一是中线布局，持股周期中等，大概几个月；预期收益周期内翻倍甚至更高；波动极大，投入精力极多。二是短线博弈，代表为趋势股超短线高抛低吸、月度趋势股均衡布局等；持股周期短，几天到几周不等；预期收益单次操作 10% 左右；波动极大，投入精力极多。

每种策略都有它的特点，将每种策略练好了都能长期稳定地在资本市场赚钱。但怕以下两点：

一是功夫练得不够，半瓶子醋，这个容易理解。

二是有点儿天赋，总是在不同策略间横跳，最后是这个没学好，那个也没练会。

本书不会详细介绍上述每一种投资体系，而是选择几个最能被普通人掌握的策略进行拆解，好比太极拳，人人都可以学会。具体的会在第 7 章展开讲解。

本节讲解的是上述所有投资体系的共性，即一个投资体系应该包括些什么。在笔者看来，投资体系应该是完整且自洽的，完整是指需要包括收益预期、买入位置、卖出计划、仓位几何等要素，自洽是指上述几个要素互相之间是匹配的。比如，买入一只股票，计划在下跌到更深的位置补仓，但当它跌后，却发现自己没钱补仓，这就是买入和仓位的不匹配了。

5.2.1 预　　期

预期是投资体系搭建的前提，有了合理的预期才能选择合适的投资体系。那么，预期到底是指什么？

1. 简介

简而言之，它是在多长时间内、打算赚取多少收益，这个过程中准备投入多少精力、承担多大的风险。前文介绍不同投资策略时，分别从这几个方面进行了分析，各个策略的特点就一目了然。

我们也可以总结出几个基本的规律，具体如下：

越是长期的策略，投入的精力越少，因为预期是长期持有，所以，在投资过程中不需要太多操作；越是短期的策略，需要快进快出获取收益，我们投入的精力自然越多。

越是想要更高的收益，一般情况下也越要承受更大的波动，波动本身不一定是风险，但如果没有做好心理准备，则是大问题。

2. 反例一

预期的不合理，肯定是违背了上述规律。举两个最常见的例子，都是出现在股票投资当中：

第一个是炒股时对于收益和波动的理解不够深刻。

A 股的散户股民多数还是炒股的思路，持股时间普遍不长，赚钱时春风得意，亏钱时闭口不提。最怕出现的情况是赚时只赚了几个点，亏时舍不得卖，一步步被套牢变成了长线。

其实，炒股也有体系，职业的短线投资人一般会把它称为交易系统。交易系统不管如何设计，都一定包含两个要素：一是止盈；二是止损。止盈是保证收益，止损是控制损失。这种特性注定了炒股的波动会更大一些，今天赚了一个涨停板，很可能明天碰上一个跌停板。

炒股系统的另外一个预期是关于胜率，短期来看，胜率多少都有可能，很可能五六次全部盈利，也可能全部亏损，具有很强的随机性；但长期来看，即使最优秀的短线交易者也只能把胜率做到略微高于 50%。

这种概率才是最正常的，区别在于赚钱的那 50%，是不是放大了利润。亏钱的那 50%，是不是严格控制住了亏损。投资者长期靠一点点的复利积累，才最终实现了收益。如果没有对短线交易系统的这种预期，不太可能实现长期的稳定盈利。

3. 反例二

第二个是价值投资中对于股价波动幅度和时长的预期不足。

价值投资讲究长期持有，这里的长期是指三五年甚至更长的时间。

但一定要做好心理准备，如果买入的股票跌了 30% 甚至 50%，你能不能承受？如果跌了 50% 之后，没有像样的上涨，而是继续横盘一两年的时间，你能不能承受？

别认为这事很遥远，最近两年的行情就出现了很多活生生的案例：2020 年以前还风光无限的一些股票诸如平安、万科、格力、腾讯等，都从高点下跌了超过

50% 的幅度，且 2021—2022 年基本没有像样的上涨。

这对于价值投资者来讲，确实是非常难熬的。也许有人会说：股价下跌，公司当前价格的相对价值更便宜了，应该继续买入。但这要求我们有充分的预期，提前预留了足够的现金仓位或者是有充沛的现金流，不然，只能是说说而已。

所以，你在任何一个投资体系里，最先考虑的问题都应该是预期。而预期无非是这几个要素：收益、时间、精力、波动。提前想到并做好准备，才能做到心中有数，处变不惊。

5.2.2　买　　入

建立好合理的预期后，接下来进入买入环节。

投资圈有句名言：一位投资者在买入时获得利润，而非在卖出时。这句话不同的人有不同的理解角度：如果买入的是固定收租类的产品，比如房产、货币基金或者某些债券之类，那么，它未来能够带来的收益就是清晰可算的；如果买入的是股票类权益资产，它的意思是买入时，股票的价格要远远低于它的价格，伴随着未来的均值回归，获得收益便是正常的结果。

所以，买入环节是非常重要的。

1. 策略分类

按照买入条件的严格程度，上述策略大致可以分为以下三类：

第一类，没什么要求的策略。

像是一些资产配置类的策略，比如股债平衡或者永久组合，随时可以买入，最多会根据估值水平进行比例的调整，后期随着股债的涨跌关系，进行再平衡。

基金定投也是如此，只有在高估阶段不再买入，低估或者正常估值水平，都是可以持续买入的。

第二类，稍微有点儿要求的策略。

比如，可转债轮动和大数投资，是在众多可转债或者股票里，用几个比较简单的指标进行筛选，然后在选出来的标的中进行组合配置。

虽然筛选的标准简单，但它们对买入的数量提出了要求，均不少于 10 只，利用足够的分散来降低风险。

第三类，买入标准最严格的策略。

即价值或者成长股投资，以及各种博弈策略。

无论是价值股还是成长股的投资都需要对标的进行估值的测算，在估值低估或者合理时才会进行买入。如果测算不明白，自然不能瞎买。

现在有很多人喜欢抄那些"大 V"的作业，"大 V"看好哪只股票后，他们不分青红皂白地直接买入。殊不知，"大 V"的买入标准是非常严格的，他对这只股票有着深刻的理解，也会进行自己的仓位规划。人家是计划着在股票跌到什么位置时轻仓买入第一笔，继续跌则考虑加仓。而粉丝跟着全仓买进，肯定要承担更大的风险。

博弈策略按照一般人的理解，可能买入比较随意，主要看图形、凭感觉，其实不然。它对买入的要求其实更高，因为期限比较短，可供犯错的空间也就更小。要么是追求单次买入的赔率，要么追求长期系统的胜率，这一切都要求自己不能随便伸手。

举个很简单的例子，股市里有句话叫作追涨杀跌，一般都会造成长期的亏损，那么问题出现在哪里? 在于买入的时机不对。

在股票当天大涨时买入，其实非常危险: 它今天已经大涨 7 个点了，此时买入，即使当天涨停也才 3% 的浮盈，还要面对第二天的未知变数，甚至当天没涨停而是回落，那么亏 3 ~ 4 个点也很正常，如果第二天继续下跌，割肉便是常见的操作了。

有些散户总想着碰到连续涨停的股票，但那种概率太低了。

2. 买入动作细分

买入动作还可以继续细分，第一次买入叫作建仓，第二次买入叫作补仓。不管自己买入几次，都尽量要在买入之前做好计划。比如，价值投资，虽然在第一次买入时对估值进行了测算，但市场变幻莫测，很可能买入之后又迎来了更低的价格，这时如果公司的基本面没有大的变化，正确的操作是继续补仓。如果之前没做好规划，要么是没钱了，要么是不敢补了，会处于非常被动的局面。

再如，短线交易系统，有的可能会涉及补仓，但有的却没有补仓的概念，一次性买入，要么盈利落袋为安，要么触及止损线而选择卖出。只要在买入之前计划好并且坚决执行即可。

综上所述，一个好的投资系统一定对买入有着明确的要求。要想成为优秀的投资者，也要从学会买入开始，而不是买了之后遇到大涨或者大跌才惊慌失措、无所适从。

5.2.3 卖　　出

股票交易界流传一句谚语:"会买的是徒弟,会卖的是师父,会空仓的是祖师爷。其中,对于卖出这个动作给了更高的重视程度,这是出于什么考虑呢?

对于短线交易系统,卖出只有两种情况:一是止盈;二是止损。止盈是落袋为安,把利润收入囊中的动作,即赚钱;止损是控制亏损,承认错误的工作,即减少损失。

只有保证在赚钱时多赚、亏钱时少亏,同时赚钱的概率超过亏钱的概率,长此以往,才能实现稳定的盈利。这便是交易系统的精髓所在。

1. 卖出规则

对于其他投资体系,卖出是否有着明确的说法?其实都有,比如资产配置类的卖出会有一个再平衡的动作,也就是卖出高价标的、换成低价标的,它是比较简单的卖出规则;基金定投不是一直不卖,在估值明显处于高估区间时,是要减仓甚至清仓。

可转债轮动和大数投资这两项策略也有着非常明确的卖出规则。比较难的是价值投资或者成长股投资的卖出。它要基于自己对于公司价值的判断,跟当前的价格做比较,而选择是否卖出。

当然也有比较固执的价值投资者,认为价值投资需要长期持有,我们买入的是股权,没有必要卖出。但价值投资的代表人物巴菲特可不是这么说的,他指出,卖出股票有三个基本原则,具体内容如下:

第一,企业不再具有优秀公司的特质或者失去了竞争优势。

第二,发现了更好的投资标的,砍掉一般的投资标的。

第三,价格过于昂贵。

一个是对于公司基本面的判断,一个是调仓换股,一个是估值层面的考量。所以,2022年巴菲特开始大举减持比亚迪的股票,大家觉得是哪一个层面的原因呢?笔者认为是价格贵了。

其实,上面三个原则有太多可以解读的空间,比如,不再具有优秀公司的特质具体是指什么?比如发现了更好的,要砍掉原来的,如果原来的处于亏损状态怎么办?又如价格昂贵,什么程度才算贵到应该卖呢?

不难看出,价值投资的真谛还是在于对行业和公司的深度研究和理解,如果做不到,是回答不了上述几个问题的,也就不知道自己该在什么时候卖出。

对于绝大多数普通投资者而言，有着明确卖出标准的体系更加平易近人一些，本书的第 7 章会详细介绍几种这样的投资体系。

2. 体系紊乱

投资最怕的是体系内紊乱，比如，自己明明是想着短线炒股，买入之后却遭遇亏损，应该止损卖出时，却开始研究起了基本面，然后一步步套牢，被动变成了价值投资。价值投资应该分批补仓，却也不敢补，因为对公司估值没有足够的把握。深度套牢一段时间后，最终还是选择割肉卖出。

这样的操作是用错了体系的卖出原则，短线交易就要用短线的卖出原则，价值投资就要用价值投资的买入和卖出原则。虽然在买入时已经确定了收益，但只有在卖出时，才最终把收益变成了现金，不然只能是账面上的数字。

5.2.4　仓　位

前面提到，会卖的是师父，会空仓的是祖师爷。由此可见，仓位控制的重要性要高于买入和卖出。不过我们还是要看到这句话的背景，它主要是指短线交易系统，在大盘整体风险偏高时，要选择空仓等待。

而在其他投资体系中，仓位控制也都是非常重要的。

1. 两种方法

仓位控制的方法主要有以下两种：

一是不同品种间的仓位互补，比如永久组合和股债 5050 平衡。假如股票跌得多，仓位下去了，我们可以用现金或者债券的仓位来补。这种策略，牛市时是被鄙夷的，但熊市时是宝。

二是主动的现金仓位控制。比如大数投资和可转债轮动，它们都要求根据市场整体的估值来控制仓位，要保证在最差时，也有足够的现金仓位，现金则意味着希望，也意味着主动权。

短线交易对于仓位的控制更为灵活，可能今天还满仓，明天就清仓了。至于价值投资或者成长股投资层面，仓位的控制方法因人而异。

其中，有一些人认为长期来看现金会贬值，所以，不需要空仓，遇到股市的涨跌时，自己可以调仓换股。我有一阵也是这种观点，但后来被现实打脸之后，还是选择了整体仓位的控制。因为如果要调仓换股，要做两个判断：一是卖出一只股票，二是买入一只股票；而如果有现金在手，则只需要做一个判断，那就是要不要建仓或者补仓（一个决定怎么也比两个更容易一些）。

当然，也存在另一种情况——投资账户外的现金流非常充沛，可以源源不断地进行补充，即前面提到的"无限现金流"投资模式，那么，满仓似乎也没什么问题。当然，在投资中，你还是要根据自己的实际情况而定。

2. 个股仓位

关于仓位还有一个值得探讨的问题：个股的仓位上限。满仓一只股票，是比较鲁莽的做法，即使是短线选手，恐怕也不会这么做。像可转债轮动和大数投资之类的投资体系，单只标的的仓位上限是很低的，不超过 5%。但价值股和成长股投资，个股仓位可以很重，比如，达到 20% 甚至更高。其中的区别在于对个股的理解程度，理解越深、越有把握，当然仓位可以越高。这一点还是比较灵活的。

另外，如果在股票投资当中使用了杠杆，也就是融资，那么整体的仓位上限则不是 100% 了，是 120% 甚至更高都有可能。股票市场有个说法叫作满仓满融，就是把杠杆用到了极限。

但正如我在第 3 章中所讲到的：杠杆是把双刃剑，可以增加收益，但也一定会扩大亏损。不建议普通投资者去使用杠杆，因为风险极不可控。

其实，仓位与前面的买入和卖出是一脉相承的，买入阶段如果考虑到后期的补仓，那么，自然要保留现金仓位。卖出后可以增加现金仓位，以支持自己后期的持续买入，形成良性循环。

一个好的投资体系，一定可以做到仓位的合理控制，不会出现想买入却没有现金的窘境。

第 6 章

理财三部曲之三——理财对象

6.1 常见品种

投资前，需要掌握几种常见的投资对象，就像去菜市场买菜，你要先认识什么是白菜、什么是萝卜、什么是藕，然后根据菜单或是需求买入。

6.1.1 货币基金

货币基金很多人应该都听过，即使没有，余额宝大家肯定知道，它就是货币基金的一种，也是让货币基金彻底走入大众的标志性产品。

1. 收益来源

用一句话描述货币基金的收益来源，可以这么说：它是把银行业的部分利润拿出来分给了基金参与者，因为它只用于各个银行间的短期巨额资金拆借，且利率比活期存款高很多。

2. 风险

任何金融产品都有风险，但根据历史经验来看，货币基金的风险可以认为是投资品中最低的，跟银行存款差不多，除非遇到金融危机。

3. 收益率

货币基金刚兴起的那段时间，收益率还是很高的，有段时间甚至能达到 4% 以上，但随着规模的扩大，越来越多的投资者参与，收益率越来越低。2022 年上半年余额宝的七日年化已经不足 1.5%，在所有货币基金中都属于低的。

当然，收益率的高低，一是看基金本身的规模属性，二是看市场，2022 年最高在 2% 上下。

4. 基金选择

货基在投资中的作用，相当于现金。一般从赎回到到账，小额当天、大额一天、最多两天，灵活性极高。它的选择原则有两点：一是挑选散户型基金；二是挑选中等规模基金。

它的买卖技巧有三点：一是买 T+1 的基金；二是周五不申购，周四不赎回；三是季末、年中、年底申购。

6.1.2 黄　金

俗话说：盛世古董，乱世黄金。随着不确定性增强，黄金再次成为炙手可热的投资品种。那么，普通人如何投资黄金呢？

1. 金条

很多人的第一反应是购买实物黄金，除去纪念金币、黄金饰品外，最受欢迎的是金条。去银行就可以购买，也可以选择不带回家、存放在银行，实际上是拿到了一个凭证。

2. 黄金 ETF

场内的 ETF 是大众比较合适的投资方式。而黄金 ETF 基金是一种以黄金为基础资产，追踪现货黄金价格波动的金融衍生产品，只要有 A 股账户，就可以在开市时间交易黄金 ETF。如果没有股票账户，场外的黄金 ETF 联结基金也是一样的。

虽然偶尔会有场内外的溢价或者折价，但如果是长期投资，或者作为避险账户，也没有多大的关系。

3. 纸黄金

这里需要明确：买卖纸黄金不是投资黄金。纸黄金可以简单理解为：炒黄金的价格波动，是短线投资行为。作为长期投资组合，不会考虑纸黄金。

补充一句：金融看信用，信用来自信心。黄金归根到底只是一块金属而已，它的价值源自于人对它的信心。可以根据自己的实际情况选择是否配置。

6.1.3 债券及债券类基金

债券是什么？简而言之就是借条的证券化。同时，借条包含的范围就太广泛了，大到国家、政府，小到各种企业，都可以按规定发债。

债券的本质在于还本付息，拿到债券的首要目的应该是获取利息。同时，它本身的价格会变动，由此也会带来收益，因此，它也是人们主观意识里最关注的点。

买债券类资产，是为了收利息，还是为了赚差价？如果是为了赚差价，则需理解它价格变化的逻辑。

1. 基金分类

债券与债券基金不太一样。既可以直接去银行买国债，也可以买一个持有国债的债券基金。但是债券基金的分类非常复杂，必须了解它的持仓比例和投资风格才行。普通人投资债券的一般方式是买债券基金。债券基金分类也非常复杂，简单来讲可以分为以下三类：

一是纯债基金，它是常规意义上的债券基金，它的长期收益率不会太高，在5%左右。但是波动很小，可以理解为投资体系中能"扛造"的产品。

二是混合债券基金，顾名思义，不仅投资债券，还投资股票，但是比例不能超过15%，超过15%就不能叫债券基金了，而是叫股票型基金。收益率由于股票的存在，自然会高一些，但是波动也大。

三是可转债基金，它以投资企业可转债为主的基金，收益率最高，有的甚至可以达到10%，波动也最大。

在投资债券基金时，一定要考察它的具体投资品种，如果只看基金的名字什么都看不出来。当然，也不能只看它的收益率，必须与自己的投资需求结合。如果是为了搭配股票类的投资，则选纯债基金；如果只是投资债券基金，也想要短期收益率，那么，你可以在混合和可转债基金里面选一选。

2. 价格变化

债券价格要关注的指标是10年期国债收益率，因为它的价格与收益率成反比关系：到期收益率高时，债市低迷，价格肯定是低的，值得投资；到期收益率低时，债市热闹，价格自然高，投资价值一般。

2022年前三季度的收益率为2.82%，处于中等偏下的水平，说明价格处于中等偏上，投资价值不高。

6.1.4 股票型基金

股票型基金主要分为两种：一是被动型基金；二是主动型基金。

1. 指数型基金

它属于被动型基金。其重点是：要有指数型基金，必须先有指数。那么，指数是什么意思？用大白话来讲，就是一堆公司的股票组合的平均价格。当然不是算术平均，而是加权平均。比如，大家说的大盘点位，就是指上证指数，即在上海证券交易所上市的所有公司股票价格的平均。最常用的是沪深 300 指数，指数的样本覆盖了沪深市场六成左右的市值，具有良好的市场代表性。

鉴于此，指数型基金是跟踪这些指数的基金，原则上必须要与指数编制规则里的股票选择、个股权重完全一致。指数型基金之所以是被动型，是因为有对应的指数作为参照，股票数量、配置比例等都是现成的，唯一要做的是控制现金和股票的仓位。

因此才会有这样的逻辑链条：长期看好中国经济—中国经济的代表是众多的上市企业—上市企业的整体价格走势是对应指数的走势—买对应指数的跟踪基金—基金定投。

除了大盘指数，还有一些行业指数，比如银行、医疗、互联网及光伏、新能源车等，投资这些指数基金，需要建立在对行业发展的认识之上。

2. 主动型基金

主动型基金与被动型基金恰好相反，区别在于主动型基金需要基金经理自行选股、选择时机、配置仓位。

从名称上来讲，市面上的主动型基金名字都很高端，比如什么精选、主题、策略之类的名字（被动型基金的名称则都会带上跟踪指数的名称，比如标普 500、沪深 300、中证红利、中证银行、中国海外互联网之类的）。

从费率上来讲，主动型基金需要基金经理花时间操作，加上基金经理的工资高，所以费率也高，一般管理费都要在 1.5% 以上，而纯被动型基金费率一般在 0.5% 以下。

因此，买入主动型基金在很大程度上是投资基金经理。

3. 指数增强型基金

它也可以叫指数 Plus，比如，兴全沪深 300 增强（163407）是在沪深 300 指数的基础上，对股票的比例进行了一定的调整，但调整尺度不会特别大。同时，它的费率也要略高于普通指数基金，低于主动型基金，管理费是 0.8%。

又如，中国互联网行业的两个指数：一是中国互联网 50 指数，跟踪这只指数的基金在它的基础上做了大幅调整，直接在阿里巴巴和腾讯上各自配置了 30%（场内 513050、场外 006327），管理费率为 0.6%；二是中国互联网指数，跟踪它的指数基金场内外都是 164906，比例平均一点儿，但也大幅提高了前面几大互联网公司的比例，管理费率为 1.2%。

4.慎重定投

它是指不是所有指数基金都可以定投。在3.7讲过，定投一定要看估值，不管是宽基指数，比如沪深300、中证500，还是行业指数如医疗、光伏等，如果在估值高企的时候定投，长期下来虽然也能赚钱，但前期的过程会非常难受。

同时，自2020年以来，基金行业快速发展，目前市场上基金的数量已经超过了股票的数量，因此，投资基金的难度也在不断增加，乱买基金的害处不亚于炒股，需要擦亮双眼才行。

6.1.5　股权投资与小生意

它们都偏向于实业投资方向，下面分别进行介绍：

1.股权投资

对于普通人而言，股权投资的接触可能不多，不过也可以先掌握，以待合适机会出现。在我看来，它主要有以下两大类：

一是企业前期风险投资的股权投资基金，国内有很多专门做这类业务的机构或是资本，比如张磊的高瓴资本、徐小平的真格基金等。它们的门槛很高，起投资金都是100万元起。此类基金成功的关键在于撒大网、憋爆款，投资的项目中可能90%是亏的，9%持平，1%能赚钱，只要有几个项目成功上市，就能带来成百上千倍的收益，足够创造不菲的业绩了。

二是未上市的大企业内部的公司期权，比如，前几年成功上市的快手，有很多员工持有公司期权，借着公司上市、实现了财富的跃迁，但是这种机会可遇而不可求。

2.小生意

小生意是普通人在现实生活中更容易接触到的选项，其中最典型的案例是奶茶店。奶茶店一般的模式都是加盟，但加盟这种模式最大的弊端是风险不对称。

从商家的角度讲，收取加盟费、后期提供原材料赚取现金流，是稳赚不赔的，几乎没有风险，即使店面倒闭了商家也不会退钱。所以，看市面上几乎所有的奶茶店都是加盟的，因为这种模式对于商家来讲风险最低。当然，也有醉心于直营的，比如茶饮品牌某雪，最终的结果便是连年亏损，陆续关店。

从开店者角度来讲，要直面后期经营的风险，面对诸多的不确定性，自己还要

支付昂贵的加盟费,这是非常不划算的。不过成功的案例也有,身边就有一个,给大家展开讲讲:

朋友家楼下有条商业街,小吃店林立,但偏偏没有饮料店。调研之后,朋友认为这是不错的创业机会,于是快速加盟了一家奶茶店。开张后生意红火,一个月能创造下 2 万元左右的纯利润,非常可观。

不过,大家要注意的是:这家店能开起来,最重要的原因是它在某一个时间段内完成了对该区域内茶饮供应的"垄断"。饮料的需求是大量存在的,作为商业街里唯一的一家店,生意自然很好。但在正常的市场状态下,这种"垄断"是不可持续的,必然有更多新的奶茶店开起来参与竞争。于是在运营了短短半年后,朋友便做了一个极其明智的决定:将奶茶店转手。在当时那个状态下,几平方米的小店每天都有几千元的流水,确实抢手,最终一次性赚到了十几万元。

故事的后续大家应该不难猜到:很多人眼红这家奶茶店的火爆,开起了一个接一个新的店面,奶茶开始陷入恶性竞争。这家店转手出去后,生意开始慢慢变得惨淡,最终选择了关店。

短期"垄断"、盈流勇退,是这位朋友小生意成功的两个关键。

大家以为故事就这么结束了吗? 当然没有。

有了上一次成功的经历,朋友自然不会就此收手,而是选择又开了一家特色餐饮,且租用了更大的店面。但这一次没有那么好运,经营了几个月便匆匆关店。

按照我的理解,小生意能做起来,一定是满足了市场的供需关系,就像朋友第一次开的奶茶店。如果单纯只是为了满足创业开店的梦想,为自己的情怀买单,则不是聪明投资者应该做的事情了。

6.2 进可攻退可守: 可转债

低风险投资中,可转债可是一个"香饽饽",因此,在 2021 年以爆发的方式增长。

6.2.1 简 介

可转债的全称是"可转换公司债券",它有两个要点:一是"可转换";二是"公司债券"。

先看第二个要点——公司债券，既然是债券，那么就是借条，表示借钱给对方，到期后，有权利要求对方按照约定的利率支付利息、约定的时间偿还本金。一旦对方违约，我们有权利起诉对方，要求对方履行义务。本质上，可转债是拥有公司债券债权人所拥有的权利。

可转债的债券属性与 6.1.3 中介绍的债券是一样的。不过，可转债又是一种特殊的公司债券，涉及第一个要点——可转换。一般而言，借条是借条，不能分享发行公司的成长利润。即使公司将来成长得非常好，成为第二个阿里巴巴了，债权人与这些是一点关系都没有的，所能享受的只有本金和利息。但是，可转债增加了一道"转换门"，债权人也可以华丽变身为股东，分享公司成长带来的红利。

6.2.2　债券要素

既然可转债是公司债券，那么，先来介绍可转债的债券要素，它主要包括面值、票面利率、到期时间、回售、到期赎回价、到期税前收益、债券评级。

（1）面值：100 元。

（2）票面利率：约定按多少比例支付利息。图 6-1 为典型的可转债票面利率，一般低于同等条件的其他公司债券。

利率	第一年 0.4%、第二年 0.6%、第三年 1.0%、第四年 1.5%、第五年 1.8%、第六年 2.0%

图 6-1　可转债票面利率

（3）到期时间：债务人归还本金的时间，一般在可转债发行后的 5 ~ 6 年，图 6-2 中的到期日是 2026 年 12 月 9 日。

到期日	2026-12-09

图 6-2　到期日

（4）回售：可转债在存续期间，达到一定的条件，可以触发回售，投资人可以按照回售价将手上的可转债提前还给公司，退出"游戏"，其中，涉及回售条款、回售时间、回售价。比如从 2024 年 12 月 9 日开始，如果正股股价任何连续 30 个交易日低于当期转股价格的 70%，投资人有权利以 100 元的价格要求公司回收债券。

（5）到期赎回价。

其他公司债券到期时把本金和利息给你，但可转债不是这样，一般到期赎回你手中的可转债时的价格会高于面值，我们称它为到期赎回价，如图 6-3 所示。

到期赎回价　110.00

图 6-3　到期赎回价

（6）到期税前收益率。

到期税前收益率是将可转债完全看成一张公司债券，不考虑它可以转换为股票的权利，所能获得的收益率。由于可转债的面值是确定的，为 100 元，但是二级市场的交易价格是实时变动的，很少会保持在 100 元的位置不变。如图 6-4 中 85.060 元的可转债实时价格。如果到期赎回价是 110 元，持有到期时投资者可以获得 110 元 + 每年利息。将这些金额进行贴现，可计算出以当前价格持有这只可转债到期所能获得的收益率，就叫"到期税前收益"。

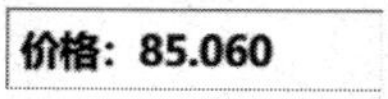

价格: 85.060

图 6-4　可转债实时价格

到期税前收益率是可转债的"底"之二，到期税前收益率为正的可转债，持有到期也不会亏损（不考虑违约）。

（7）债券评级。

评级代表发行公司质地或是信用等级，遇到评级太低的转债，大家最好谨慎选择，如图 6-5 所示。

债券评级　AA+

图 6-5　债券评级

6.2.3　股票要素

如果可转债只有债券要素，那么，它只是一张平平无奇的公司债券了。但是，它有一道"转换门"，投资者可以按要求把它从债券变成股票。因此，可转债具有股票要素了，主要包括正股价、转股价、转股价值、溢价率、转股期、转股价下调、强制赎回。

（1）正股价：指公司股票价格，如图 6-6 所示，可转债的正股价为 2.51 元。

正股名称	正股价
靖远煤电 R	2.51

图 6-6　正股价

（2）转股价：指一张可转债可以按多少价格转换成公司股票（它就是"转换门"）。图 6-7 中的可转债可以按 3.33 元的价格转换为公司股票。那么，一张可转债可以转换成多少张公司股票就很容易计算，公式为：面值 ÷ 转股价 =100 元 ÷3.33 元 30.03（股）。

转股价	3.33

图 6-7　转股价

转股价影响可转债价值的"半壁江山"，它表明可转债"股票"方面的价值基本全被它牵着走，你理解了转股价就理解了可转债股票要素的一大半。

（3）转股价值：指可转债转换成公司股票后的价值。

如果一张可转债可以换 30.03 股正股，目前正股价为 2.51 元，那么，可转债转换成公司股票后的价值也能很容易计算，公式为：30.03 股 ×2.51 元 =75.38（元），如图 6-8 所示。

转股价值
75.38

图 6-8　转股价值

（4）溢价率：指可转债的现价相对于转股价值高出多少钱。如果可转债转股价值为 75.38 元，但是现价是 85.06 元，那么溢价率 =（85.06−75.38）÷75.38=12.84%。

（5）转股期：是指可转债可以转换公司股票的时间。可转债刚上市时，投资者是不能转股的，要等一段时间，进入转股期以后才能进行转股操作，一般是半年。图 6-9 中的转股起始日是 2021 年 6 月 16 日。

| 转股起始日 | 2021-06-16 |

图 6-9　转股起始日

（6）转股价下调：指如果可转债存续期间，如果公司正股股价"跌跌不休"，转股价远远高于正股价，则意味着那可转债持有人亏很多，比如在二级市场上买正股5 元／股，用可转债转股却需要 10 元／股。这时发行公司祭出"转股价下调"大杀器了。如图 6-10 所示，当正股价在任意连续 30 个交易日中有 15 个交易日的收盘价低于当期转股价的 85% 时，达到转股价下调的标准。

| 转股价下调 | 当公司股票在任意连续30个交易日中有15个交易日的收盘价低于当期转股价格的85%时
注：转股价下修是否可以低于每股净资产？　购买会员后可查看 |

图 6-10　转股价下调

需要注意的是，转股价下调是公司的权利，不是义务。

A 股的可转债市场经过几年的发展，投资者已经形成一股不可忽视的力量。如果一家公司迟迟不下修转股价，可转债持有者可以通过邮件、电话等方式给公司施加压力，以促成转股价的下修。

（7）强制赎回：它是所有可转债投资人最喜闻乐见的一幕。它也是公司的权利，投资人不能拒绝，如图 6-11 所示。

| 强制赎回 | 如果公司股票在任何连续 30 个交易日中至少 15 个交易日的 收盘价格不低于当期转股价格的130%（含 130%） |

图 6-11　强制赎回

设置强制赎回条款的初衷是促进投资人转股，公司自然希望所有人都转股，这样不用再支付利息和本金了，把投资人紧紧地绑在公司这条船上，从此风雨同舟、祸福同享。

所以，要记住一句话：上市公司会想尽一切办法让可转债转股，把债主变成股东。它使用的方法包括但不限于转股价下调、释放利好，以及强制赎回等。

那么，投资人为什么喜闻乐见强制赎回的发生呢？这就要看触发强制赎回的前提了：如果正股价在任何连续 30 个交易日中至少 15 个交易日的收盘价格不低于当期转股价格的 130%（含 130%）。

触发强制赎回的前提是：正股价格一直涨，导致可转债价格一直涨。所以，一般到触发强制赎回时，可转债的价格已经在 130 元之上"飘了"一段时间了。

130 元就是可转债的一个关键价格，需要记住这个结论。

6.2.4　制度红利

可转债是 A 股市场的制度红利，美股市场也有可转债，二者有所不同，通过对比，最终的结论是：A 股可转债，只有强赎条款上弱于美国，其他都优于美国可转债。同时，A 股对可转债设置的目的是债转股，对可债券投资者的保护比较到位，所以，我们要珍惜现在的可转债发行条款，以后可能会有变化。逐条比较一下。

1. 可转债存续期限

中国：6 年。

美国：5 年。

2. 转股期

中国：发行完成 6 个月后（美式）。

美国：存续期最后 30 天（欧式）。存续期内转股的条件非常苛刻，比如连续 20 个交易日股价高于初始转股价的 130%。

3. 初始转股价格

中国：20 个交易日均价与前一日收盘价较高者。

美国：前一日收盘价的 130% 以上。

4. 利率规则

中国：年平均 1.2%。

美国：固定年化 1.2% 左右。

5. 回售条款

中国：最后两个计息年度股价低于转股价 70%，或募集资金改变用途时。

美国：公司出现重大变故。

6. 转股价下修

中国：分红、扩股或股价低于转股价 85% 时董事会有权提议下修转股价。

美国：扩股。

7. 强赎条款

中国：股价高于转股价 130%，公司有权按面值 + 利息赎回。

美国：规则不统一。

美国的资本市场更加成熟，而 A 股市场仍在发展当中。针对避免风险敞口、降低负债率而言，发债方和管理层都倾向于可转债在存续期内转股，所以，现有可转股条件相对灵活。

主观意愿是转股，同时有转股价下修这个大"杀器"，体现了可转债的股性，也造就可转债收益的上不封顶。而到期赎回和回售条款，保证了可转债的债性，实现了可转债收益的保底。上不封顶、下有保底成为可转债的制度红利。

据统计，2008 年到 2022 年 9 月 8 日期间，可转债市场一共退市了 249 只可转债，其中只有 9 只是到期赎回，7 只因为规模不足 3 000 万元而强赎退市，其余 233 只的结果全部是提前强制赎回。再次证明了可转债低风险投资的价值。基于这种制度红利，才衍生出了很多投资策略，包括下一章将要详细介绍的"可转债轮动"。

6.3　认识股票

股票是证券投资中最重要的一个对象，属于底层资产。即使你不直接购买股票，你投资的基金、理财产品乃至社保基金也都会配置股票，因此，需要对其有基本的认识。

6.3.1　刷新股票的定义

股票是指股份公司发行的所有权凭证，是股份公司为筹集资金而发行给各个股东作为持股凭证并借以取得股息和红利的一种有价证券。其中有三个关键点：一是持股凭证也叫所有权凭证，意味着投资者拥有一家公司部分的所有权；二是投资者可获得股息和红利，可以分享企业利润；三是有价证券，其中有价意味着可以自由交易、价格可以上下波动。

简而言之，股票是一种可分享企业利润，并且可交易的股份公司所有权凭证。

大家有没有想过，你是一家公司的员工，辛辛苦苦付出劳动，拿到的只是每个月的工资，以及可能的年底奖金，但是仅仅出钱的股东，为什么可以什么都不用干，坐等着企业每年甚至更频繁的利润分红？

举个例子，经营一家公司，要想扩大规模、提高生产力，最需要的东西是什么？是工人吗？是机器吗？是厂房吗？都可以是，但是这些都需要资金去买、去租才行。因此，资本才是公司发展最需要的东西。

所以，公司需要融资，而融资除银行贷款、发行债券之外，剩下的方式是让出所有权或是发行股票。而投资者购买股票，提供资金，当然应该获得公司经营的利润回报。

从这个角度来讲，你购买了公司的所有权凭证、股票后，你的资金就不是你的了，你拥有的是一家公司部分的所有权，这个权利给你带来的是后期经营过程产生的利润，公司经营越好，利润越多。经营不佳，利润则少或是没有利润。当然这份所有权你也可以卖给别人。

这才是投资股票的真正定义。很多在股市里频繁交易的人，从本质上搞错了投资股票的初衷，交易虽然是投资股票的一种方式，但绝不是全部。

6.3.2 股票分红是好还是坏

持有股票获取收益的经典方式是利润的分红。但现金分红是极具争议的一件事，有的人认为好，有的人认为没用。简而言之，分红对于长期投资者是好事，对于短期投资者则意义不大。

1. 分红简介

分红的前提自然是公司有净利润，且现金流充沛。没有利润或者有利润但是账面上没钱，都分不了红。而分红率是指公司净利润里有多少比例可以拿来用于分红。

一般处于快速扩张的企业会把钱留在自己手上，用于企业经营。而稳定分红的基本上是已经成熟的公司，像是银行。不过，被吐槽最多的是分红后要除权。比如，有 100 股公司股票，分红前股价是 100 元，分红是每股 3 元。分红后，股价会变成 97 元，投资者手里多出 300 元现金。很多人会问，这不是拿自己的钱给自己分吗？有什么用呢。这要从以下两个角度来看：

一是分到手的是现金，你可以花掉，也可以买回股票，让自己的股数多 3 股。等到第二年，如果每股分红还是 3 元，自己可分到 309 元了。这是复利——钱生钱，生的钱再生钱。

二是分红是股票中"股"的特性。大部分对股权的理解都有偏差，其实，你买了公司的股权后，则不存在本金的概念了，这跟债权有着本质上的不同。

举一个饭店的例子，投入的租金、装修、加盟费等钱都没了，有的只是以后每个月的利润和每年的分红。投资者想要收回"本金"，只有把饭店转给别人。如果能理解这一点，你会明白：我们要做的事情就是不断增加自己的股本，增加自己的股权资产，持续买入，以期获得更多的分红，让分红变成现金流。

2. 实战分析

从实践的角度介绍股票分红，比如中国平安，2020 年 5 月 7 日每股分红 1.3 元，投资者两个账户一共可分 2 340 元，持仓成本是 79.5 元，股息比例约为 1.6%，但中国平安年中时一般还会分红一次，因此，股息率 3% 问题不大 这 2 340 元分红到手后，不计入投资收益的计算中)，如图 6-12 所示。

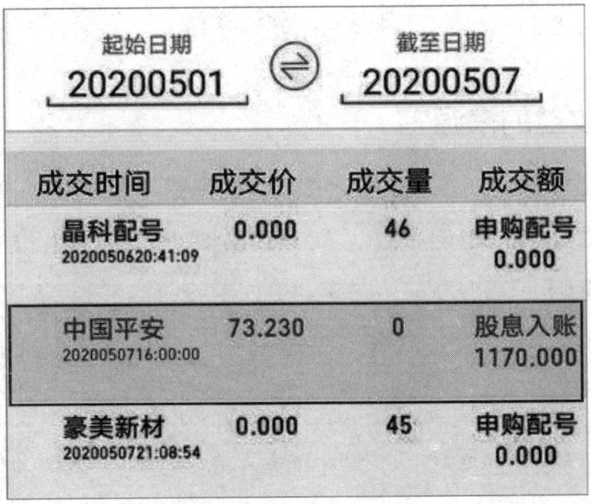

图 6-12　中国平安分红

除权方面，分红前中国平安的股价收盘是 73.23 元，除权后变成了 73.23-1.3=71.93（元），2022 年 5 月 8 日涨了 1.03 元，则现价为 72.96（图 6-13 中，因有 0.01 的误差，所以显示为 72.97）元。短期看，除权会对股价有点儿影响，但是放眼长期，则会冲淡影响，如图 6-13 所示。

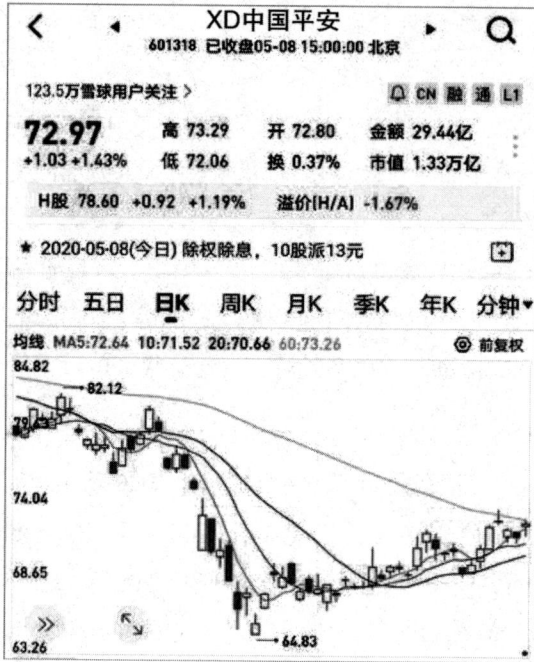

图 6-13　股价除权

6.3.3　股票收益的来源

笔者特别喜欢一段话：人生的三个境界，分别是"看山是山，看水是水""看山不是山，看水不是水""看山还是山，看水还是水"。简而言之，是从懵懂无知到叛逆质疑，最后又返璞归真。发现用它来对应认识股票投资的不同阶段，也很适用。

1. 炒股赚钱

绝大多数人接触股票，基本上都是从炒股开始。一般的场景是：牛市来了，听到身边的人靠炒股赚了很多钱，于是在朋友的鼓动之下"杀"入股市，或亏或赚。如果结局是亏，可能会及时收手。如果是赚，则更可能会持续投入以期赚到更多，结果是亏回去。然后，感慨股市残酷，或说 A 股散户不能赚钱，从此不再碰股票。这个阶段的境界基本是看山是山，看水是水。很容易被各种炒股技术左右，懵懵懂懂、天真无邪。

2. 价值投资

很多人了解了包括巴菲特长期持有在内的各种观点看了价值投资的书籍。便算真正开始接触价值投资，于是一边实践，一边继续学习，研究和实践关于价值投资的理念、知识和投资观。慢慢认识到，投资股票的正确思想应该是分享企业利润。持有一家公司的股票，伴随着企业的经营发展，享受企业发展的红利，获取相应的回报。也就是大家常说的：买股票就是买公司。所以，自然要去分析公司所在的行业，包括发展趋势、盈利模式，也要去研究公司的财报，懂得基本的财务知识，还要去看公司的运营能力，包括高管团队、公司理念等，最后要懂一点儿宏观经济，判断大的投资逻辑。

这个阶段的境界是：看山不是山，看水不是水。很容易质疑自己，很容易认为自己掌握了真理。

3. 交易之谜

股价上涨是靠交易驱动的。一买一卖达成交易，买的人愿意出高价，价格会上涨。比如，10 天前你低价买入，10 天后高价卖出，赚的是股价之差。10 年前低价买入，10 年后高价卖出，赚的一样是股价之差。同一个时间点，一定会有人看好，一定也会有人不看好，所以，有人买就有人卖，二者的预期不同。这就形成了预期之差，导致了交易，导致了价格波动。

在有效市场假说里，价格应该会与价值相匹配，因为所有的信息已经被所有人知晓并消化。但在现实里，这是不可能的，价格不能体现价值，人也都不是理性的人，所以，永远会有交易、永远会有价格波动。这就是行为金融学的观点：股价反映的不是价值，而是市场里所有人对公司价值的认知。

因此，只研究公司、基本面是不够的，还要研究人，人对信息知晓的多少、对同样信息的不同看法，都会带来不同的收益差别，有的赚得多、有的赚得少、有的甚至亏。

而价值投资者，也正是利用自己对公司长期价值的更深理解，选择耐心持有股票，等待其他投资者陆陆续续意识到公司的价值，随着不断交易，一点点抬高股价，最后卖给那些最晚发现的人，套现后获取高额收益。这个收益的来源，还是市场上的其他投资者，或是后来的投资者。

所以，不难理解，为什么牛市会亏钱：牛市进场的都是后来的投资者。在没有后来者进场时，在场的人只能是亏。

4. 山还是山，水还是水

大概知道赚的钱来自别的投资者，研究多年后发现，价值投资赚的钱，一样是来自别的投资者。此时,把"投资是认知的变现"这句话做一个小小的调整,变为"投资是认知差异的变现"。山还是山,水还是水,不同的是人。

6.3.4　如何面对股价波动

大家不管是买基金或是买股票时,都会遇到两种情况:一是买完就涨;二是买完就跌。那么,上涨是否表明自己买对了,下跌是否表明自己买错了呢?这是个非常有意思的话题,值得好好探讨。

1. 时间变量

如果是问自己投资选择的对错与否,不如具体反思,当前投资逻辑与自己的逻辑是否契合。当然,其中有一个关键的变量不得不提,那就是时间。大家应该都听过一句话:股市短期是投票机,而长期是称重机,与之相近的还有一句话是:长期看,股价是围绕着价值上下波动的。所以,基于不同的时间周期,投资股票的逻辑是截然不同的。

长期的逻辑大都是基于对公司的分析,包括行业空间、竞争格局、公司壁垒、利润增长等,至于市场给多少估值,顶多是有一个区间的判断,过低了则加大投入,过高了则适当卖出。这便是价值投资的第一个难点——如何给企业估值?

如果是长线的投资逻辑,短期的涨跌与它是没有冲突的,有时甚至不想股价太快上涨,因为手里还没有积攒足够多的筹码。但最大的问题在于,逻辑得到验证的时间充满不确定性。也许短得出乎意料,也许长得超乎想象。有可能买入几天内就收获了一波翻倍的涨幅,价值被市场发现,直接兑现了逻辑;也有可能买入之后几年蛰伏不动,然后突然迎来一波上涨。而在股价不涨的时间里,如果没有足够坚实的逻辑支撑,大概率会怀疑自己是否错了。这便是价值投资的第二个难点——如何面对股价的波动?

2. 短线涨跌

如果完全是短线的逻辑,则简单许多:买完就涨,自然能证明自己是买对了,因为想押注它短期的上涨,赚一波就走。反之,买完就跌,则需要考虑是否到了自己的止损位,以及是否要再拿一拿,给股价更多的表现时间。短线的优势就在于,所谓的"逻辑"得到验证的时间很短,能快速得到反馈。

不管逻辑是否正确,或者只是一个想当然的理由,也不管是正反馈还是负反馈,有反馈总好过没反馈，大小很快能出结果（这正是许多人趋之若鹜的原因）。那么，问题的关键是：股价短期的涨跌到底由什么决定？

看到一个说法是：供需关系。买入是需求方，卖出是供给方，需求远远大于供给，自然股价上涨，反之，卖的力量远大于买的力量，股价就会下跌。这是单纯从量价关系的表象去看，一旦去分析背后的原因，就会发现非常复杂。

从投资者类型来看，长期投资者只是众多投资者中的一部分，力量有限，市场上还有很多机构投资者、大批的短线投机者，在时刻进行着博弈。

从消息上来看，也许公司有了什么利好的消息、国家发布了什么重磅的政策等，但谁知道这些信息是否已经反映在股价上了呢？

华尔街早就有过统计，股价短期尤其是一两天的表现，完全是随机的。

再优秀的短线选手，都不能预测股价，只能是把胜率尽量提高到 50% 甚至更高，以保证长期的盈利。直白一点：选对时，多赚点。选错时，少亏点。

3. 投资是科学，也是艺术

科学的地方在于，已经有过无数的历史数据，可以通过研究得出各种各样科学的结论；艺术的地方在于，在进行交易的终归不是机器，而是情绪化、非理性的人。既然是人为主体，则属于社会科学的范畴，充满了各种可能性。得出科学的结论大概有两种方法：一是归纳法；二是演绎法。但在股市里，这两个方法都太好用。

比如，通过一个技术指标选好股票，买入后果然上涨，卖出赚钱。然后，归纳出一个选股的方法，继续沿用。又如，看到另外一个"大 V"通过什么方法交易，持续赚钱，他讲了一大堆理论，然后我也沿用他的方法。这种通过简单归纳而来的理论，是站不住脚的，一次失败就可能满盘皆输。

演绎法也是如此，比如，看了几本巴菲特的书籍，明白了要价值投资、要长期持股，然后演绎出一套自己的投资体系，结果持有一年没赚钱，自己又急需用钱不得不卖掉。这才发现，无限现金流才是制胜的终极法宝。

在别人那里好用的方法，在你这里不一定就好用；他人总结出的各种经验，也不一定完全适合别人，必须通过自己实践、总结、修补，真正变成自己的投资体系。

投资，与其说是管钱，还不如说是对我们自己认知水平和情绪的管理。这也应验了那句老话：投资到最后，考验的就是人性。

第 7 章

实用的投资和套利体系

7.1　股债平衡 5050 & 永久组合

股债平衡 5050 可能是最适合普通人的投资策略之一，收益稳健波动小，是资产配置的最简单的策略。

7.1.1　简　介

股债 5050 策略，即长期持有 50% 的股票和 50% 的债券，每过一段时间执行一次再平衡，让股票和债券回到各 50% 的比例。

1. 拆解

该投资体系是极其简洁的，但它又包含投资体系所需的四个要素：

一是收益率方面，长期来看，这个策略可以拥有超过 8% 的年化收益率，期间的波动很小，具体的情况在下一节的回测中详细展开。所以，如果对于收益率的要求不太高，同时，也准备做长期投资，股债平衡便是最合适的一个投资策略。

二是买入层面，它提供了清晰的买入标准。非常适合一次性的资金配置，而且对于资金量没有要求，从 1 万元到 100 万元都可以。从建仓角度看，随时可以完成建仓，且是直接进行满仓配置，只需要花点精力筛选股票和债券资产的投资对象。

三是卖出层面，即后期的再平衡。它的原则为：当股票大涨后股票部分占总资金的比例会超过 50%，卖出超出部分 1/2 的股票，并买入对应金额的债券；同理当股票大跌时股票部分占总资金的比例会低于 50%，那么，再平衡会卖掉债券、买入部分股票。一般再平衡频率设置为一个季度或者半年。同时，再平衡的原则可以实现长周期内的低买高卖，因为股票大涨了之后，最佳的操作肯定是卖掉一部分，而股票大跌了之后，最佳的操作肯定是继续买入一部分。

四是仓位方面，整体一直是满仓运作的，通过再平衡将股票和债券的仓位进行动态调整。

综上所述，股债平衡是一个简洁但完整的投资体系。

2. 平滑波动

股债平衡为什么收益不错，但波动更小呢？这涉及资产配置的基本原理：利用不同资产间价格变化的弱相关性，平滑掉过程中的波动。其中有一个关键词：相关性，意思是二者之间的关系有多紧密，如果相关性很强，则是同涨同跌。如果相关性很弱，那么，可能涨跌会不一致，甚至一个是涨，另一个是跌。

股市和债市是相关性很弱的两类资产，一般情况下，股市价格上涨，都是处于宽信用周期，利率水平偏低，债券价格是向下走；而一旦开始收紧信用，加息提高利率，债券价格上涨，股市大概率就会下跌。

当然，也有股债双杀时，比如类似于 2008 年的经济危机，这种属于比较极端的情况，如果要纳入考虑，你可以采用更为保守的永久组合。它更经典，也更稳健，除了上述两类资产，还增加了黄金和现金。具体的比例为：股票、国债、现金、黄金各占 25%。它的核心思想是：不追求高回报，追求长期的稳定盈利，以及过程中的平稳。以应对包括经济危机在内的极端状况，但代价是预期的收益率不会很高，长期收益率在 6% 左右。

当然，如果要追求资产方面的复杂性，还有进一步拓展的空间，比如继续增加大宗商品（原油、天然气等）的资产配置，可以参考著名的桥水基金的掌门人瑞·达利欧的全天候组合，他的各项资产的配置比例为：30% 股票 +40% 长期债 +15% 短期债 +7.5% 黄金 +7.5% 大宗商品。

关于股债平衡平滑波动的效果，给大家算一算，可以直观感受，比如第一天股市上涨了 2%，债市没有动，那么，组合的上涨就是 2%×50%+0×50%=1%；第二天股市下跌了 3%，债市没有动，那么，组合的下跌是 1.5%；第三天股市又上涨了 4%，债市没有动，组合的上涨是 2%；第四天股市下跌了 2%，债市没有动，组合的下跌是 1%。

不难看出，股市极其不稳定，如果只持有股票类资产，四天中，股市综合上涨了 0.84%，但是这种波动是很剧烈的。那么，组合的涨跌就会小得多了，四天综合的收益率是 0.46%。

大家可能会说：组合虽然波动小，但这是牺牲了收益率换来的。此言差矣，别忘了还有再平衡的低买高卖，长期的收益率是比单纯持有股票类资产更高的，在后面的回测中会详细介绍。

3. 标的选择

股票和债券资产应该如何选择呢？股票方面，作为 A 股的代表，很多人首先想到的都是上证指数，但是它不能作为标的，目前随着 A 股的发展，我认为最有代表性的有三个：沪深 300、中证 500 和中证 1000。它们分别代表 A 股大盘股、中盘股和小盘股，它们的波动程度依次变大。如果求稳则可以选择沪深 300，求高收益可以选择中证 1000，求中间的可选择中证 500。如果资金量大，都买一点儿也行。如果觉得只有 A 股还不过瘾，那么可以考虑加上美股的代表标普 500 或者是纳斯达克指数，这些都有相对应的指数基金。

债券方面，建议大家选择长期国债，稳定性最佳，不过单独购买国债有点儿麻烦，可以选择以国债为主的债券基金。

7.1.2　收益回测

为了便于测算，选择了一只股票指数增强基金（兴全沪深 300 指数增强），一只纯债基金（博时信用债纯债 A），作为股和债的配置。回测它在 5 年时间里的表现，从 2017 年 9 月至 2022 年 9 月 9 日，正好当时的上证指数也是 3 300 点左右，跟当下基本持平。如果一直持有不做平衡，跟沪深 300 指数表现做比较，如图 7-1 所示。

图 7-1　股债配置与沪深 300 指数比较

由此可见，该组合总收益率为 27.93%，超过沪深 300 的 6.99%，同时最大回撤和波动明显更小，最大回撤数据为 −17.75%。

如果选择季平衡，也就是每个季度将持仓比例调整为各自 50%，那么收益可以提高到 30.1%，最大回撤数据为 −15.35%，如图 7-2 所示。

图 7-2　测算最大回撤数据

由此可见，再平衡不仅可以提高收益率，也可以平滑波动。但是，该组合的年化收益率仅为 5.4%，并不算高。

再进一步，拉长到十年周期，不平衡的总收益率可以达到 133.32%，季度再平衡的收益率可以提高到 144.66%，期间的沪深 300 收益率只有 76.67%，如图 7-3 所示。

同时，该组合的年化收益率数据为 9.35%，符合设定的 8% 的长期目标。美中不足的是最大回撤达到了 26%，从图 7-3 中不难看出应该是出现在 2015 年。相比于沪深 300 的回撤幅度，组合的表现还是要优秀很多的。

另外，从上述回测也不难看出，股债平衡作为一个长期投资策略，可能需要 5 年甚至更长的周期才能体现出它的优势，这是必须要了解的。

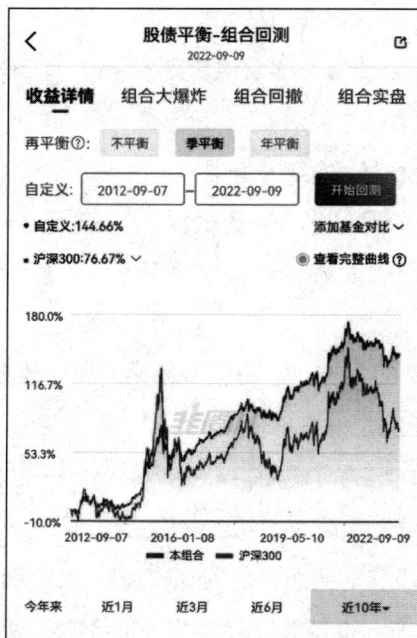

图 7-3　收益率比较

7.2　可转债轮动

在第 6 章中详细介绍了可转债的制度红利，总结下来就是有债券和股票的双重身份，上不封顶、下有保底。同时，可转债是强赎退市。理解了制度红利，我们才能在投资策略层面进行设计，充分利用可转债的特点，实现低风险下的高回报。

可转债市场发展多年，已经比较成熟，目前主流的可转债投资策略包括三大类：低价格策略、低溢价策略和双低策略。本节介绍的可转债轮动，是双低策略的加强版。

7.2.1　简　介

1.三个核心指标

再来重温可转债的核心指标：价格，代表了可转债的债性，价格越低，底部越牢固；溢价率，代表了可转债的股性，溢价率越低，说明股性越强。双低策略就是根据这两个指标进行选择，具体操作方法如下：

计算：双低数值＝当前价格＋当前溢价率×100，比如价格100，溢价率15%，得到的双低数值是115元。

排序：将全部可转债根据该数值进行排序。

买入：选择排名前20名左右的可转债进行平均买入，俗称摊大饼。

轮动：定期，比如半个月或者一个月，重新排序，调出不在前20名的、买入新进入前20名的可转债。

网站"集思录"是双低策略的发源地，在网站的可转债数据中，有双低的数值情况，可以直接进行排序选择，非常方便。

在此基础上，本节介绍的可转债轮动策略将另外一个指标也纳入考量，它就是到期收益率。它是指将债券持有到偿还期所获得的收益，包括到期的全部利息，又被称最终收益率，是投资购买债券的内部收益率，即可以使投资购买债券获得的未来现金流量的现值等于债券当前市价的贴现率。它相当于投资者按照当前市场价格购买并且一直持有到满期时可以获得的年平均收益率，其中隐含了每期的投资收入现金流均可以按照到期收益率进行再投资。

它是一个非常清晰的指标，可以直接告诉我们如果以当前价格买入该可转债持有到期的年化收益率，属于体现可转债债性的一个代表数据。假如一只可转债的到期收益率超过4%，则非常具有投资价值了，当然，前提是该债券不会违约。

之前统计过，已经退市的所有可转债里，绝大部分是强赎，只有几只是到期偿付的，如果持有这几只到期偿付的，则实现了到期收益率。

综上所述，选择了三个指标筛选可转债标的，分别是价格、溢价率和到期收益率，价格越低越好、溢价率越低越好、到期收益率越高越好。

2. 筛选环节

按照面值、溢价率和到期收益率三个维度进行综合评测，评估出所有转债的低估程度。综合评估的方式有很多种，下面介绍两种常见的方法。

一是类似于双低的加权法

具体计算规则为：加权值＝价格＋溢价率×100−到期收益率×100。比如，一只可转债价格为105元，溢价率为15%，到期收益率为1.5%，那么，加权值＝105+15-1.5=118.5。所有转债按照加权值排名，是按从低到高的顺序，加权值越低说明转债越低估，排名越靠前。

二是类似于神奇公式的排名法

具体规则为：所有可转债分别按照价格、溢价率、到期收益率进行排名。每只转债可得到 3 个名次，把 3 个名次相加可以得到一个数值，可以视为该转债的得分。然后所有可转债按照该得分进行最终排名，排名顺序为得分从低到高，得分越低，说明转债越低估，排名越高。

比如，一只可转债价格排名第 3 位，溢价率排名第 20 位，到期收益率排名第 9 位，那么，它的总得分为 3+20+9=32。当然，如果大家懒得计算，直接采用集思录网站上的双低策略即可，如果想通过筛选实现更高的收益。

3. 买入环节

主要有两个步骤：一是计算总仓位，二是构建组合。

总仓位方面，要根据可转债市场的整体估值和点位情况来进行规划，相对灵活，大的原则是涨了减仓位、跌了加仓位。比如，可以参考可转债市场的中位数价格，设置一个简单的仓位配置规则，见表 7-1。

表 7-1　根据可转债中位数价格计算总仓位

中位数价格	100 以下	105	110	115	120	125	130
建议仓位	满仓	九成	八成	七成	六成	五成	四成

接下来是构建组合，根据资金量，一次性买入 15 ~ 25 只可转债，构建可转债的投资组合。为什么一定要强调组合买入，是因为组合可以分散投资风险，同时，买入的标的多了之后，遇到"妖债"的可能性也会大大提高，"妖债"是可转债轮动超额收益的重要来源。组合最少要选择 10 只，太多也没有必要，不建议超过 30 只。

具体来讲，买入当天如果转债上涨超过 3%，则放弃该转债，买入其他的转债。

4. 轮动环节

每隔一个月，重新筛选并轮动一次。具体来讲，根据新的排名情况，卖出不再低估的，买入低估的。以 20 只轮动为例，如果持有的转债依然在前 20 名，则不动。如果持有的转债不在前 20 名了，则不管盈亏直接卖出，买入前 20 名内的新的可转债。

要注意，即使持有标的是浮亏状态，也要卖出，这是为了保证自己轮动进来的可转债处于低估状态。要整体看待组合，其他卖出的肯定有很多盈利的，组合也大概率是盈利的。这是非常简单的卖出原则，最大的优势在于节省精力，不用去看盘、分析单只可转债，而是直接轮动，大道至简。

5. 卖出环节

实际的过程中，可能会有需要手动卖出的情况。比如，遇到了"妖债"，短期内出现暴涨，超过了 130 元的价格，此时，可以全部卖出或者卖出 1/2、坐实收益，另外的部分可以在后续上涨时继续卖出。卖出方面的规则相对灵活，需要在实战中慢慢积累经验。如果没时间盯盘操作，可以通过某些券商的条件单来实现，比如设置 130 元的卖出价格，最高点回落 5% 卖出等。这属于单独的卖出行为，卖出后可以在当天轮动买入新的转债，也可以等到轮动日再买入。

7.2.2 策略评测、收益回测

可转债轮动策略的四个维度评测，见表 7-2。

表 7-2　可转债轮动四维度评价

投资期限	资金体量小, 2 万元可起步, 期限 1 ~ 3 年, 中长期投资
预期收益	根据历史回测, 年平均收益 10% 以上
波动情况	单只波动率较大, 构建组合可有效降低波动, 预计最大回撤 15% 以内
投入精力	抄作业的话, 极少, 一个月操作一次

由表 7-2 可以看出，资金量要求不高、预期收益率不错、波动程度不算高，最重要的是投入精力少。因此，它非常适合普通人，当然这要建立在 A 股可转债制度红利还在的前提下。

另外，2022 年 6 月，可转债新规发布，对于交易权限提出了要求：2 年交易经验和 10 万元资产量。对于纯粹的新人，这无疑提高了门槛，所以，还是要奉劝大家一句：股票账户能早开还是要早开。

1. 收益回测

该策略在"雪球"上有很多组合实盘，选取一个有代表性的进行分析。该组合采用的是上述可转债轮动策略，从 2019 年 2 月 11 日开始，截至 2022 年 9 月 15 日，3 年半的时间，收益率走势如图 7-4 所示。

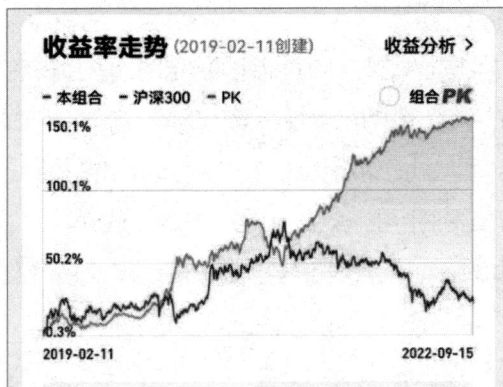

图 7-4　收益率走势

总体收益为 146.25%，期间沪深 300 的涨幅只有 24%；成立以来的年化收益率高达 28.5%，最大回撤只有 18.15%，可谓非常优秀。

2. 具体分析

不能将这高额的收益过度神化，它是有一定的历史背景的：2018 年是一个经典的熊市，股市一片惨淡，可转债市场也不能幸免。

查了一下历史数据，当时的可转债中位数价格只有 100 元左右，2022 年，该数值最低也没有低过 120 元，最高甚至达到过 140 元，可见当时的可转债市场是多么低迷。这也从侧面说明当时可转债的制度红利还没有被市场充分发掘出来。

这时，不管是股市还是可转债市场，都是一个很明显的低点，善于发现机会并坚持自己投资策略的人，市场自然会给他奖励。

另外，可以关注 2021 年 2 月以来的走势，在这之前可转债轮动组合与沪深 300 是同步上涨的态势，但在这之后，沪深 300 一蹶不振，单边下行，可转债组合在短暂调整后却一步步创出了新高。它的历史背景是：可转债的制度红利充分被市场发掘，很多资金开始进入可转债市场。流动性带来溢价，由此整个可转债市场的价格都在提高，推动了可转债的大牛市。

从下面的可转债换手率可以看出端倪：

2020 年以前，可转债市场整体的换手率维持在 5% 以下，相当稳定。2021 年 7 月以后，换手率提高到 10% 以上，并一直维持到了 2022 年的 7 月，期间最高峰时能超过 20%，进入 8 月后，换手率开始逐步走低，再也没有超过 10%。2022 年 9 月，应该是处于可转债牛市的尾巴了。

3. 总结

所以，该组合从熊市起步，统计时间到牛市尾巴，收益表现不俗也在情理之中。但这并不耽误可转债轮动策略的优异性，给出的收益预期也是在 10% ~ 15%。

同时，也正是因为现阶段市场火热，所以，才提出要控制仓位在 5 成左右，大家在使用该策略进行投资时，也一定要把这一点放在首位。

识别市场的整体位置，并规划整体仓位，是可转债轮动及下面要介绍的大数投资的核心要义。

7.3　大数投资

股票投资是既没有门槛，又有很高门槛的一件事儿。

没有门槛，是指随便找个券商就能开户，开户之后就能买卖股票了，除了创业板、科创板、可转债等一开始买不了，沪深主板的股票都可以随便交易，哪怕几千元也可以玩得很开心。

有门槛，是指买入卖出看着简单，但要想赚钱及长期稳定地赚钱，需要深入学习的东西非常之多，包括学技术分析、看 K 线图。学宏观经济跟随大的政策趋势。学财报分析、深度挖掘优质公司等。

对于绝大多数普通人而言，门槛低是好事，大家可以参与其中，它不像买房动辄需要几十万元、上百万元的资金，也不像期权期货那样有专业知识的要求。

但门槛高就意味着参与容易，赚钱难，多数普通人可能在市场摸爬滚打很多年，都没有找到适合自己的投资方法。

那么，有没有一种对普通人极其友好的投资方法，不需要盯盘、不需要研究财报、不需要复杂的经济学知识，也不需要太多的操作？大数投资就是这样一种投资体系。

在此要声明一点，大数投资是中国人民大学齐东平教授创立的投资思想，在其著作《大数投资》中有详尽的介绍，本节只是根据我自己的理解和实践进行阐述，大家如果感兴趣，可阅读原书。

7.3.1　简　　介

个人认为这是普通投资者投资 A 股最适合的投资策略，而且整体收益率要优于指数基金定投，但比起定投，操作起来要稍微复杂一些。

1. 底层逻辑

大数投资底层逻辑的推导过程非常简单易懂。有两个核心点；一是买股票是买公司股份，也就是买企业；二是中国经济仍然在高速发展，虽然近两年增速放缓，但放眼全球仍排名前列。

继续推演：中国 GDP 在 2018 年有 6.6% 的增速，其中离不开所有中国公司的发展表现，中国公司的整体业绩增长速度最少也有 10%。在所有的公司里，上市公司的表现肯定优于其他公司，所有上市公司的业绩增速应差不多有 15%。

所以，采用一种组合投资的策略，通过在上市公司中运用随机抽样的原则选择公司投资，代表投资所有的上市公司，相当于投资中国经济了。

由此可知，大数投资的底层逻辑，是看多中国经济。

2. 核心思想

大数投资的三个核心思想分别是组合、低估值和长期。其中，组合是指必须通过一定数量的组合，才能代表所有上市公司。基于统计学原理，随意抽样必须达到一定的抽样比例才可以代表整体情况。对于 A 股而言，最通用的抽样样本是很多人都听过的沪深 300，但 300 只股票太多了。根据测算，30 只股票即可达到 90% 以上的拟合度。最简单的方法是通过行业来寻找，将所有上市企业划分成 30 个左右，每个行业选取一个或两个。然后进行组合投资，则基本可以代表整体上市企业的发展情况了。

低估值是指必须选取估值较低的股票，估值的测算是非常复杂的一门学问。大数投资里采用的是最简单的标准：市净率 <2，市盈率 <20。

市净率是指市值除以企业净资产。而市盈率是指市值除以企业总利润，一个代表公司的现有资产情况，一个代表盈利情况。这是最重要的两个指标，在实践过程中，大数投资还增加了一个筛选标准——1 年内最低点至今的涨幅，越低越好。

有这三个筛选标准基本就够用了，它们可以被简称为 3P：低 PB、低 PE 及低价格（price），都满足的股票则是大数投资的"三好学生"。

一般来讲，如果对某家公司研究非常深入，进行了严格的估值测算，那么，自然可以投资比较大的仓位。如果是像大数投资这种采用了比较简单的估值原则，则需要适当地分散了。具体的仓位配置原则，我们后面再展开。

长期是所有价值投资者所秉持的基本原则，大数投资的周期一般最少三年。时间足够长，投资的组合才能代表公司业绩和经济的增长情况。这也就同样印证了前文中讲过的事：投资一定要用闲钱，最好是三五年不用的钱，再次重复。

3. 具体操作

上面讲的操作都属于“道”的层面，“术”的层面其实并不复杂，且可以稍作变通。我补充一个重要的思想：模糊的正确远优于精确的错误。如果理解了道，以道驭术，即使术上有所欠缺，也肯定比不懂道、乱炒股的人有更好的收益。

它的建仓过程，主要分为以下四步：

第一，识别市场整体估值，并确定仓位比例。

首先，确定最低点位置，一般可设置为 1.5 倍市净率，这时的仓位可以设置为八成。然后是最高点位置，一般可设置为 2 倍市净率，这时的仓位是三成（这个区间可以自己把握，激进的可以设置为四至九成，保守的可以设置二至七成），比如，大盘 1.68 市净率，可以建仓六成左右的总体仓位。当跌到 1.6 PB、1.5 PB 时，可以分别加仓一成，直到最多的八成仓位。如果继续跌，则继续加仓，保证自己始终有钱补仓。

关于大盘市净率，可以在中证指数网上进行查询，每晚 8 点后会更新当天的数据，比如 2022 年 9 月 16 日收盘后的市净率数值，如图 7-5 所示。

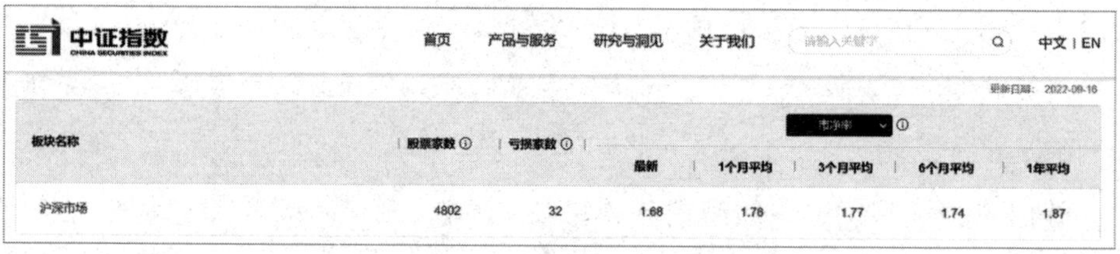

板块名称	股票家数	亏损家数	最新	1个月平均	3个月平均	6个月平均	1年平均
沪深市场	4802	32	1.68	1.78	1.77	1.74	1.87

图 7-5　2022 年 9 月 16 日收盘后的市净率数值

2019 年 1 月 4 日时全市场出现了近 10 年的估值最低点，当时的市净率为 1.46，如图 7-6 所示。

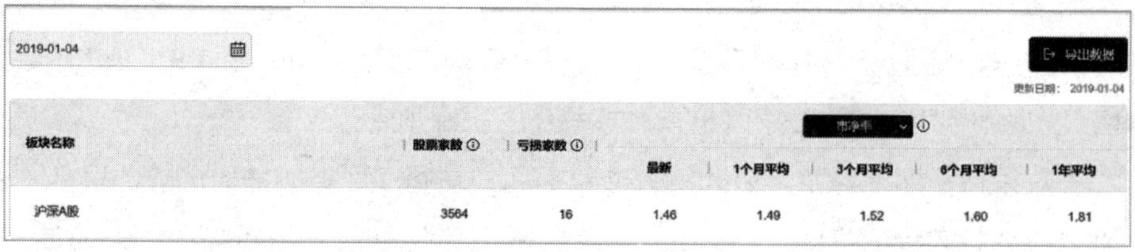

板块名称	股票家数	亏损家数	最新	1个月平均	3个月平均	6个月平均	1年平均
沪深A股	3564	16	1.46	1.49	1.52	1.60	1.81

图 7-6　2019 年 1 月 4 日出现近 10 年的估值最低点

第二，选股，包括行业和个股。

首先，根据行业估值，优先选取当下低估的行业考虑建仓。这个低估既可以看整体市净率，也可以搭配市净率百分位之类的数据来看。行业分类可以按照申万一级行业，目前是 31 个，但有的行业股票很少（30 个），有的很多（几百个），可以根据自己的情况进行适度延伸，比如汽车，可以分为整车和零部件两个。最少要选出10 个能够配置的行业。然后，在行业中选择个股，主要看三个指标：市净率、市盈率和年内最低点的涨幅，也就是"三好学生"。比如，PB 0.7、PE 6.77，年内最低点涨幅 9%（典型）。当然，还有一些小经验，比如优先选择市值小的（波动更大）、选择相关概念多的（容易炒作）、之前波动也大等。

第三，建仓。

行业的仓位上限是一个行业最多配置 3% 的资金。如果一个行业只配置了一只股票，那么，该股票的仓位上限也是 3%。如果该行业配置了多只股票，那么，所有股票加起来的仓位不能超过 3%。但如果该行业过度下跌，可以适度超配，但最高也不能超过 5%。比如，处于最低市净率附近的股票，可以考虑一次性配置 2%甚至打满 3% 的仓位；如果离最低估值还有距离，则可以先配置 1% 或者 2%。按照选取的行业和个股依次进行配置，总体仓位达到上限时，视为建仓完成。这个过程可以慢慢来，也可以选好之后快速配置到位。

第四，后续的操作，包括补仓、卖出。

后期，只有大盘继续下跌，整体市净率继续跌到 1.6 或者 1.5 时，才进行补仓动作。如果持仓里有跌了 20% 的股票，同时，该股票仍然符合大数投资的"三好学生"标准，则优先进行补仓，最简单的原则是买入同样的股数。如果没有需要补的，或者跌了 20% 的股票不符合大数投资的标准，则考虑在新的行业中配置或者在行业中选择其他合适的股票。

卖出规则方面，如果大盘上涨，手里的股票有年内最低点翻倍的，考虑减半卖出。如果考虑到整体市场行情较差，也可以采取最低点上涨 50% 就减半卖出，甚至全部卖出的规则。卖出后仓位有所下降，可以在大盘下跌时进行补仓。依此循环往复。

7.3.2　常见问题

操作过程大致如此，下面分析投资过程中的几个具体问题。

问题一：通过大数标准选出一大堆银行股，该如何看待？

大数投资的顺序必须是先确定总仓位，然后确定行业，最后再开始选股。它的意义在于，理解每个行业的差异性，再去行业内选股。

有的行业天生估值就低，比如银行，当前的行业整体市净率为 0.62，处于近十年的低点，但中值为 0.92，也低于 1 的。有的行业可能在某段时间低于 1，比如钢铁、煤炭，煤炭在整体市净率低到 0.9 之后，会迎来一波指数翻倍的行情。有的行业天生估值很高，可能永远达不到 1.5 甚至 2 以下。比如，半导体行业，暴跌之后，当前的整体市净率仍然是 5.93，即使在最惨淡的 2019 年，最低估值也有 2.5 倍。

大数投资中，每个行业有 3% 的仓位上限，这是共通的。大数投资强调看估值的绝对值，个人觉得可以结合估值百分位来看。针对估值来到历史低点的行业，尤其是整体低于 1.5 甚至 1 倍的，要重点配置；针对估值一直很低的，比如银行、房地产、保险，可以配置，但要优中选优，从里面选择估值最低、盈利质量最好的标的。有些行业，可能整体估值不太低，但很多个股出现历史低点，且满足要求，也可以配置。

针对估值一直很高，但近期来到历史低点的标的，可以考虑配置，但优先级要靠后。不难发现，大数投资选股是很挑剔的，而正是这种严格的标准，才保证了投资的胜率。

以光学光电子行业来举例。光学光电子是电子行业下面的细分，电子行业特别大，还可以分为半导体、消费电子、光学光电子、元件等。类似的还有医药生物，像这种比较大的行业，可以继续在细分行业里寻找合适的标的。

光电子 2022 年 9 月 16 日整体的市净率 1.47 倍，10 年估值分位 3.1%，市盈率 18，是可以配置的行业。具体筛选之后，以 1.2 倍市净率为限，有 10 只备选，市盈率低于 20 的（负数为亏损，不选），按照市净率从小到大的顺序，我们选择两只：木林森和京东方，如图 7-7 所示。

二者基本都是年内最低点附近，如果选择市值小的，则是木林森；如果选择盈利更稳定一些的，则是京东方，二者皆可。

再具体深挖，不难发现它们所在的行业简称面板行业，周期性非常强，2021 年属于一个盈利大年，市盈率都很低，但股价却一路走低，原来是 2020 年就提前涨过了。因此，现在是屡创新低时，正是开始慢慢布局时，逆向投资，莫过于此。由于行业仓位上限 3%，你可以考虑一次性建仓 1.5% 左右，每下跌 20% 补仓一次，直到达到 3% 的上限。

股票	当前价	当日涨跌幅	市盈率TTM	流通市值	♦市净率MRQ	净资产收益率
东旭光电	1.91	-3.05%	-4.19	92.91亿	0.46	-3.64%
维信诺	6.07	-4.26%	-4.09	83.00亿	0.67	-8.77%
深天马A	8.73	-2.35%	29.93	207.41亿	0.71	1.14%
彩虹股份	4.20	-9.87%	-11.75	103.95亿	0.71	-5.26%
木林森	9.11	-4.11%	18.91	87.68亿	1.01	1.52%
京东方A	3.45	-3.36%	6.80	1258.19亿	1.04	4.61%
合力泰	2.80	-2.44%	-10.07	87.06亿	1.09	-10.57%
华映科技	2.02	-3.81%	-11.06	55.81亿	1.14	-7.21%
莱宝高科	8.03	-2.07%	12.79	56.54亿	1.17	5.15%
经纬辉开	6.58	-2.23%	43.13	25.30亿	1.18	2.11%

图 7-7　市盈率低于 20 的木林森和京东方

问题二：3P 之外，还有什么指标可以参考？

大数投资的选股标准是低 PB、低 PE、低价格（年内最低点至今涨幅低）。如果想要进一步筛选，我觉得可以加上一个指标：PB 和 PE 的历史百分位。在三个指标都满足的条件下，可以优先选择历史百分位低的标的，即现在的估值低于历史上绝大部分时间。

举例，医药商业板块的国药一致，市净率为 0.81、市盈率为 9.76，年内最低点涨幅约为 8%，3P 指标不错。接下来看百分位，市净率高于近十年 0.61% 的时间，市盈率高于近 10 年 2.82% 的时间，如图 7-8 所示。虽然不是历史最低估值，但也符合低价原则要求。

出现这种情况，自然有各种各样的原因，但从长期来看，它未来上涨的概率，总是要大于下跌概率的。同时应注意到，这个板块的很多股票都出现了类似的情况，也就是中观的行业层面，肯定是出现了困境。如果想要进一步分析，可以对商业模式、竞争格局、公司优势等方面进行分析，也许可以发现投资的机会。如果不想研究，可作为大数投资的一个行业配置，然后耐心等待业绩的增长和估值的提升。比如，前两年的煤炭股，0.5 倍 PB 维持了很多年，突然一波起势——翻倍甚至更多的涨幅。耐心和时间是我们最大的优势。

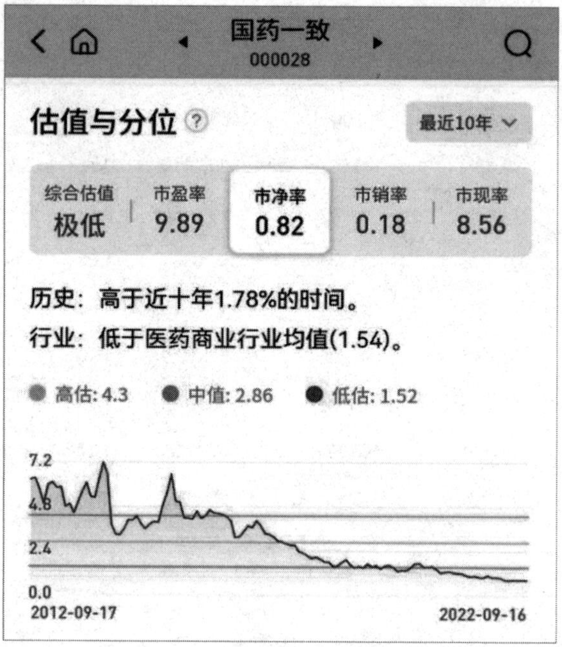

图 7-8　国药一致市净率

问题三：选股票时，是大市值好，还是小市值好？

大数投资在同一个行业内选股时，会遇到这个问题。大和小是相对的，主要看流通市值，一个几十亿的和一个几百上千亿的，大小一目了然。根据历史经验，小市值的公司上涨空间更大，个人比较倾向于小市值。但小市值的问题也很明显，上涨空间大，同时意味着下跌空间也大，即波动更大，经常会有过山车的持股体验。

一般来讲，小市值公司成长股居多，大市值公司蓝筹股居多，各有特点。在筛选股票时，大数投资已经明确给了"三好学生"的指标。只选分数最高的，有可能是大市值，也有可能是小市值。这样配置的结果就是都包含，波动不会太大，收益也可能不错。总而言之，组合无敌。

比如，猪肉股里的牧原和唐人神，牧原市值很大，上涨过程从最低 40 元到最高 60 元 +，约为 50% 的涨幅；唐人神属于小市值，同样的上涨过程从 5.64 元直接到了 11.4 元，翻倍的涨幅。但之后一段时间大盘暴跌，个股的跌幅也是不同的，牧原最多跌到了 47.5 元，20% 多的跌幅；唐人神最多跌到了 7 元，接近 40% 的跌幅。

涨时涨幅是一倍，跌时，跌幅也是一倍。印证了涨跌同源。

波动收益只是大数投资收益的一部分，很多时候是被动等来的，不用强求。当然，如果你喜欢赚取波动收益，那自然是小市值更好，同时也要接受股价的上蹿下跳。

问题四：大数投资会买到的四类股票。

第一类：公司基本面变差，估值不再符合要求，股价一路下跌，出现重大亏损，但因为有个股仓位的限制，对组合最大的影响也超不过 3%。

第二类：公司出现经营周期，业绩起伏，股价也波动。这时遵循下跌补仓、上涨卖出的原则，长期持有仍可获利。

第三类：公司经营持续向好，业绩稳定增长，但估值未有太大变化。这类公司，股价大概是向上的曲线，但波动并不剧烈，长期持有也可获利。

第四类：买入后不久，基本面未有变化，公司却迎来炒作，迅速上涨，达到卖出条件时可减半卖出，成本降到基本为 0，再次上涨可考虑清仓。

不难看出，因为买在低点，大数投资的胜率是非常高的。除了第一类会造成亏损，其他三类只要按照规则操作，就不太可能亏钱。

大数投资的好处在于，组合足够多，上面四类公司都会遇到。而我们知道，对组合影响最大的是涨得多的那些标的，所以，综合收益也是十分可观的。

7.3.3　收益回测

大数投资是齐东平教授创立的投资体系，它既包含了美股价值投资代表人物之一施洛斯的投资思想，也有着结合 A 股实际情况的调整和改进，并且已经经过了 20 多年的实践。

举例如下，一实盘从 2021 年元旦开始记录，整个 2021 年是 30% 的收益率，非常可观，要知道同期的沪深 300 是跌了 5.2% 的。同时，2021 年是典型的结构性行情，新能源相关的股票大涨，与之对应的是地产、保险、家电、医药等行业的单边下跌，这种行情之下大数投资都能游刃有余，并且获得了不错的收益。截至 2022 年 9 月 16 日，A 股市场刚刚迎来了一波暴跌，该实盘 2022 年仍然还有 2% 的正收益，同期沪深 300 的跌幅是 20.4%。在熊市中能取得正收益，说明了这个策略的有效性。

同时，在创造收益的过程中，该组合的回撤很小，几乎没有超过 10%，这也应该在普通人的承受范围之内。

总体而言，看好中国经济的长期发展，利用大数投资获取 15% 左右的长期年化收益，还是可以期待的。

7.3.4　大数投资和可转债轮动的异同

本节最后，分析我重点介绍的两种投资体系的异同。

1. 不同之处

二者最大的不同是投资品种不一样，导致底层逻辑的一点差异。大数投资买的是股票，以投资中国经济为出发点，通过构建投资组合拟合中国经济；可转债轮动买的是可转债，主要基于可转债有债券＋股票期权的双重特性，核心在于可转债的制度红利。因此，二者收益的来源有所不同。

大数投资的收益包括两部分：一是企业自身利润的增长，带来资产的增加，从而引发股价的上涨；二是波动的收益。下跌 20% 加仓、最低点翻倍后减半卖出等操作就是在利用波动增加收益。

可转债轮动则是直接隔一段时间轮动一次，收益主要来自于价格的波动。当然价格波动的背后有各种各样的原因：有企业自身经营的、有蹭热点的，有纯炒作的。轮动的精髓就在于不预测，等风来。

2. 相似之处

两种策略又有诸多相似之处：大数投资的三个核心思想是组合、低估值、长期，可转债轮动也差不多。

组合方面：大数投资要求最少构建 10 只不同行业股票的组合，可转债轮动要求最少买 10 只。组合的好处在于，从防守角度讲，可以分散波动，从进攻角度讲，可以保证更大概率抓住"妖股"或者"妖债"。

低估值方面：大数投资有 3P "三好学生"的筛选标准，可转债轮动也是基于价格、溢价率和收益率三个指标进行挑选，买的都是性价比最高的。

长期：倒不一定是长期持有某个标的，而是长期坚持这种策略。

基于以上三点，以及整体仓位的控制，两种策略都是比较安全的，回撤不会太大，都属于熊市亏得少、牛市跟得上的投资策略。另外，投资赚钱的真谛无非是四个字：低买高卖。这两个策略都是在不断重复这个过程。可能每次带来的收益不是爆炸性的，比如，一只股票仓位 2%，即使翻倍也才只有 2% 的收益，但就是通过这样一点点的累加，达到了复利的效果，长此以往，便获利不菲。

二者还有一个相似之处，是包容性比较强。大数投资在选股上，如果自己有深入研究，可以进行"三好学生"之外的配置；可转债轮动自然也可以增配一些更看好的可转债。只要在大框架之下，便不会有太大的风险。

为何后期一直在推荐这两种策略，是因为它们是完善的体系，同时不需要多精深的金融知识及投入过多的精力进行维护，对普通投资者非常友好，大家都可以完全掌握，直接上手，边实践边改进。

而市面上流行的价值投资偏向于公司财报分析或者是商业模式的挖掘，这种方法普通人真的很难做到，一是难度比较高，需要有专业的财会知识或者是对商业的理解；二是不确定性也很高，在长周期内，很可能遇到某家公司甚至行业的黑天鹅。比如，2020 年以来，地产公司、保险公司、互联网公司先后遇到了类似的困境，你碰到一个恐怕就很难翻身了。当然，无限现金流模式除外。

另外，这两种策略都是欢迎随机性的，因为买得足够低，本身向下的空间不大，即使真的遇到单个投资标的的黑天鹅，也不会造成太大的损失，毕竟单只的仓位有限；但如果持有的标的遇到炒作，此部分的收益便是意外之喜了。

3. 如何上手

那么，如果你是新手，建议从哪种方式先入手呢？长期主做哪种策略更好呢？

二者上手难度都不太大，但可转债轮动直接按照轮动表买卖就行，相对更简单一些。大数投资因为涉及选股和个股仓位的控制，难度要更高一点。

另外，如果资金量比较大，可以把大数投资看成股，把可转债轮动看成债，二者组合做股债平衡策略，这样就把我们介绍的三种策略完美融合在一起了。

从整体的估值情况看，前文介绍过，当前 A 股市场整体的估值百分位处于历史低点，是股市投资的好时点，但是可转债市场的估值水平却处于历史偏高水平，当前依然处于牛市尾巴。二者对比之下，股市投资的性价比更高，因此，大数投资的优先级也要更高。

假以时日，如果股市处于高位或者是中等估值，而可转债市场触底，则是大举进军可转债的时机了。

因此，两种方法都能掌握当然是更好的。毕竟艺多不压身。

7.4 套利体系

投资要面对风险可能会带来亏损的结果，而套利是利用价差套取利润的行为，本质在于市场的不均衡，是一种风险很低的盈利模式。

7.4.1 套利、投资、投机的区别

关于投资和投机的区别，可谓众说纷纭，有人认为截然不同，也有人认为差别不大。但套利与这二者有较大的不同，本节将试着对三者进行说明和区分。

1. 风险程度

投资的定义一般为将货币转化为资本、获取经济回报；而投机的定义为把握机会，利用市场出现的价差进行买卖从中获得利润的交易行为。因此，投机实际上属于投资的一种，只不过更加侧重于价差，以及交易。

在股票市场上，通常把买入后持有较长时间的行为，称为投资，而把短线交易称为投机。因此，第 6 章讲解的几个投资体系中，只有最后一种博弈类的体系属于投机的范畴。

持有时间是二者的一个显著差别，另一个则是预期收益。投资对于收益的预期基于长期，因此不会太高，年化收益率 15% 可能是很不错的长期收益了，但投机的期限更短，可能单次要求的收益率不高，比如 3%，但如果折算到年化收益率上，则高得吓人了。所以，引出了二者最大的不同：承受的风险。

投资体系中很重要的一项内容是考虑风险、平衡波动。投机则是要直面风险，进行充分的概率计算。虽然会有损失本金的可能，但当收益的可能更大、收益的预期更高时，值得投资者参与其中。

正是因为投机承担的风险更高，所以，它的波动也更大，单次能赚 3%，也能亏 2%，成功的关键在于交易系统对于概率和赔率的计算。

从市场角度看，长线投资和短线投机是相辅相成的，共同打造了市场多样性。不断的投机交易会使得价格和价值严重偏离，长线投资者由此可以获得卖出获利的机会。

在现实中，很容易嘴里说着投资、身体却做着投机。近两年，新能源相关股票

的行情异常火热，无数机构、散户参与其中，其中到底有多少人在做投资、多少人在做投机呢？我觉得通过以下标准可以清晰划分：

如果可以明确说出自己持有的预期时间、收益、后期上涨或者下跌后的处理方式，以及公司的价值几何，则是投资。

如果对公司基本面没有过多的研究，但有一套技术分析，有着明确的买入、止盈和止损原则，则可以算是专业的投机者。

如果只是看了几篇网上的帖子，按了几次计算器就轻易买入，且跌了之后一脸蒙，只能是投机的门都还没入了。

2. 套利的特点

套利是指在某种实物资产或金融资产（在同一市场或不同市场）拥有两个价格的情况下，以较低的价格买进，较高的价格卖出，从而获取无风险收益。

划重点：它最大的特点在于无风险，或者准确地说是风险较低且可控。但是，套利有没有风险，这个问题在金融学界长期以来备受争议。传统金融学认为套利无风险，市场机制可以保证套利者获益，行为金融学则认为任何套利都是有限套利，需要面对风险。

个人认为，市场在有效和无效之间摇摆，绝对的无风险套利大概率是不存在的，只能是风险很低。而且套利机会的窗口时间一般不会很长，它会吸引大批的套利者参与其中，直至价差收敛甚至抹平，价差变小、风险高起来之后，参与的人很快就会一哄而散。

主要介绍三种典型的套利（后面会详细讲解）：

一是打新利用一级市场和二级市场对于股票的定价不同，二级市场因为流动性充沛，定价理论上是要比一级市场高一些的，因此存在套利机会。

二是基金在场内和场外的价格不同且可以互相转换，一般在特殊时期会出现较高的价差，从而有套利空间。

三是国债逆回购。

所以，套利相对于投机最明显的优势，便是风险的可控。二者其实也有点儿类似，更像是单回合的项目制玩法，一次投机或者套利过程一般会很快结束，不论结果是赚多赚少或者亏损，都会很快清算并等待下一次的机会。投资倾向于持有，时间周期会更长一些。

3. 区分的意义

为什么要做这种区分呢? 其实道理很简单, 就像 3.2 的标题那样: 要知道自己买的是什么, 我们在做决策时, 也尽量要知道自己做的到底是什么, 是投资、是投机, 还是套利。

投机也没什么不好, 但如果明明是想投机, 走势不对需要止损时, 却又说服自己是在投资, 被迫开始持有, 一步步套牢, 最终受不了才割肉。套利的风险虽然很低, 但机会难得, 需要时刻关注, 出现机会时果断出手才行。

常听到一句话: 财富是认知的变现, 而认知, 就是从理解它是什么开始。

7.4.2 A 股、港股、美股打新

此处的打新, 是指参与新股上市的申购、中签后首日即卖出的行为, 持有新股则进入了投资逻辑, 不算在内。打新套利作为长期投资的有效补充, 能给收益率带来不小的提升, 即使单独作为一项赚钱策略, 性价比也很高。

市场各有各的特点, 但是打新赚钱的结果却是相同的, 说明这种操作在世界范围内是一个普遍现象。

1.A 股打新

A 股的打新包括新债和新股, 新债表现强势, 2020 年只有本钢转债一只破发, 其余在上市首日都有不错的涨幅; 进入 2021 年以后, 则无一破发, 全部盈利。

新股, 2020 年及之前, 也是没有败绩。哪怕是沪深主板中表现最不好的新股, 也仅仅是上市当天没有维持住 44% 的涨幅, 相当于打开涨停板, 但 40% 左右的收益也很可观。

注册制后, 创业板和科创板的股票都是一步到位, 高到 500%、低到 60%, 同样是打到就是赚到。究其原因, 在注册制之前 A 股是上市审批制, 定价时要求市盈率在 23 倍以内, 且上市公司又要求必须连续 3 年盈利。这个要求太严格了, 如果能够通过, 则说明它能证明自己是盈利能力强的好公司, 所以, 上市后市场会大力追捧。

同时, A 股的中签率很低, 只有极少数人、少数机构才能分配到新股, 供不应求, 其他没有中签的投资者或者机构想配置、想买则会提高股价。

但是, 事情从 2021 年开始起了微妙的变化, 首先是市场整体行情开始下行,

新股市场的热度也随之下降，然后是注册制的弊端开始显现，很多新股选择高价格、高估值发行。于是新股的破发开始陆续出现，从科创板开始，创业板后期也跟上，只有主板的新股依旧稳健，因为沿用的还是之前的审批标准。

A 股的新股行情也进入了跟港股类似的周期性和特殊性，周期性是指跟随大盘行情而变化，特殊性是指有的涨得好、有的破发，开始分化。

2. 港股、美股打新

单就结果而言，港股、美股并不是每只新股都能保证上涨的，破发还是有一些。2020 年港股市场新股暗盘和首日的涨跌情况为：首日上涨 66 只、收平 7 只、下跌 30 只，首日破发率 29.13%，首日平均涨幅 23.8%，70% 的胜率、20%+ 的平均涨幅。

当然，这仅仅是 2020 年的数据，2021 年的新股行情则是剧烈分化，有涨有跌，整体并不太好，进入 2022 年以后，则是行情惨淡了，大量破发。不过，从更长的周期来看，新股上涨仍然是大概率事件。

有记载以来，IPO 在第一天，绝大多数都是上涨的，比如美股的统计结果是 18%，也就意味着新股上市平均涨幅为 18%，港股 2022 年的数据是 24%，A 股高到离谱，接近 140%。

3. 理论基础

既然平均首日能涨 20%，那发行方为什么不干脆提价 20% 发行呢？为什么要把这部分利润拿出来，分给参与打新的投资者？主流的理论有三个，具体如下：

一是"赢者的诅咒"理论

假如新股都破发，申购成功就意味着亏钱，则没人申购了。因此，投资银行为了吸引更多人参与 IPO 申购，会故意把价格压低一些。

二是"信号理论"

它是指准备上市的公司认为自己是好公司值得长期持有，因此将部分利润让渡出来，低价发行，来向外界释放这种信号，获得更多的人关注和持有。

三是"信息生产理论"

它是指发行方、公司内部拥有更多的信息，因此能够准确定价，而外部投资者信息很少，定价依据不足，适当低价发行是为了补偿这些信息差，或是补偿投资者收集信息的成本。

在我看来，IPO 发行抑价是市场演化的一个自然结果，要去完美解释它是很困难的，只能试着去理解它。不过思考一番之后，无疑会对打新套利有了更深层次的认识。

4. 金融红利

这个认识是：打新套利值得参与，是作为散户能够享受到的不多的金融红利。

A 股打新主要看运气、门槛较高，申购金额跟持仓金额直接相关，虽然偶有破发，但只要在申购时稍加筛选即可。美股打新只能适度参与、获利有限；港股打新对散户是最友好的，其中最难的地方在于港元银行卡的办理和资金周转。

不过，2022 年美股处于加息周期，股市整体的行情确实都不太好。港股已经维持了一年多的低迷期，新股不断破发。但从统计意义上讲，它仍然是胜率高、赔率也不低的投资，等待整体行情稳定后，还是值得参与的。

至于这一年多的低迷，也可以用"赢者的诅咒"理论来解释：参与的人太多，发行方根本不愁卖，于是把更多利润留在了自己手上。只能等短期投机的人悄然散去，市场才会恢复到一个合理的水平。

从不同的角度看，起起落落，都是周期。能做的，只有做好准备、耐心等待，上行周期来到时，及时感知并投身其中。

7.4.3 基金溢价折价套利

基金溢价或折价套利，是基于"直接买卖"与"申购赎回"这两种不同的操作方式，在场内外净值出现明显差异时，进行的一种套利活动。主要针对的是 ETF 和 LOF 基金。

1. 概念

ETF 和 LOF 是根据不同的交易方式，对基金进行的划分。其中 ETF 全名是交易型开放式指数基金，通常又被称为交易所交易基金（exchange traded fund, ETF）。特点一是只能场内交易，场外申购赎回也可以，但门槛极高，动辄几百万元；特点二是指数型，ETF 都跟踪某一个指数，是指数基金的代表。场内 ETF 和场外的联接基金会有溢价折价，但是套利门槛极高，普通人可无视。

LOF 基金，上市型开放式基金。关键点是灵活。一是它名字里没有指数，也即范围更宽，主动型股票基金、债券基金、原油基金等都行；二是它的场外申赎门槛很低，视基金公司要求而定，几百上千即可参与。因此，该类基金是套利的最佳选择。

注意：下文中，场内是指在股票交易软件里（如国金证券），场外是指基金交易软件（如天天基金）。

2. 折价套利和溢价套利

折价套利是指场内价格大幅低于场外净值，比如价格 1.2，净值 1.4。套利的思路是 1.2 入、1.4 出，术语则是场内买入、场内赎回。操作如下：

T 日，从更便宜的二级市场买入，和买股票操作一样。

T+1 日，在场内赎回，和卖股票操作是不一样的。

T+3 日，资金到账（此时到账的资金按照场外净值 × 份额得出）。

溢价套利是指场内价格大幅高于场外净值，比如某 LOF 基金价格 0.9，净值 0.7。套利的思路是 0.7 入、0.9 出，术语则是场内申购或者场外申购、场内卖出。

场外申购的操作如下：

T 日，在天天基金，或者基金直销网站申购基金。

T+1 日，份额确认。

T+2 日，提交场外转场内申请。

T+4 日，确认场外转场内份额。

T+5 日，二级市场卖出，和卖股票操作是一样的，卖出价则是场内现价。

场内申购的操作如下：

T 日，在股票交易软件中找到 LOF 基金，选择场内申购。

T+2 日，份额确认。

T+3 日，二级市场卖出，和卖股票操作是一样的，卖出价是场内现价。

综上所述，溢价套利时，场内申购时间更短，优势更大。

3. 怎么解决限制甚至暂停申购

套利机会出现时，需要场内申购再在场内卖出。最大的问题是，当套利资金过多时，基金公司会限制甚至暂停申购。比如某次的原油基金，一开始申购金额是单账号 500 元，两天后暂停申购了。500 元，收益 50% 才 250 元。

需要拓宽思路，大家应该都听过一句话：薄利多销，哪怕单笔的利润少点，只要规模够大，那么，总利润依然可观。制度方面，是有操作空间的。因为申购的限制是单个股东账户限购 500 元，可不是单人 500 元。所以，诞生了一拖六的玩法，根据证券公司的规定是：单人可以最多有 3 个深证股票账户，同时，还可以再开 3 个深证基金账户。每 1 个账户对应 1 个不同的股东号，单人能够玩的极限则是 6 个账号一起申购，如果再加上场外基金号，就是 7 个账号，不过场外周期长，一般不考虑。

因此，本来只有 500 元，现在则是 500×6=3 000（元），利润就从 250 元上涨到了 1 500 元。

4. 如何识别基金的溢价和折价机会

大家可以到网站集思录上查看，市面上所有 LOF 基金的溢价情况都会实时显示。不过还是要提醒大家一点：你可能看到有的基金溢价率挺高，觉得存在套利空间。不过，必须关注它的规模和成交量，如果一只基金规模太小，成交量萎靡，可以直接放弃了。

那么，这种套利方法的正确方式是什么呢？主要有以下两种：

第一种是长期持有某一只 LOF 基金，利用这种套利增加收益、降低成本。

比如持有某 LOF 基金，今天场内溢价 3%，这时，你可以进行的操作便是上面提到的场内卖出、场内申购，卖出的价格比申购的净值高出 3%，至于第二天的涨跌，长期持有本身就要承担。这样的结果是增加了 3% 的收益，付出了一点点的申购费和卖出费，整体还是非常划算的。

第二种是极端情况下出现的机会，常见于 LOF 的一种 QDII 基金。

QDII，即合格境内机构投资者，这些机构投资者发行的基金叫作 QDII 基金。

它是从基金投资品种和发行人角度定义的基金，和上面的 ETF、LOF 并不冲突。也就意味着，一只 QDII 基金可能是 ETF，也可能是 LOF。比如，易方达中概互联 50ETF，它即为 QDII，南方原油既是 LOF，也是 QDII。

大家可能还记得，在 2020 年初时，国际油价曾经跌到了负值，此时海外股票暴跌，美股没有涨跌幅的限制，一天可能就跌去 20%。而国内 LOF 因为有 10% 涨跌幅的限制，与它绑定的海外公司或者指数涨跌并不能完全同步，出现了较大程度的折价。此时进场套利，会有非常大的空间了，后面会详细介绍一次自己的套利过程。

7.4.4　国债逆回购

国债逆回购可视为一种无风险套利。先看官方定义，国债逆回购，本质是一种短期贷款，即个人通过国债回购市场把自己的资金借出去，获得固定的利息收益；而回购方，也就是借款人用自己的国债作为抵押获得这笔借款，到期后还本付息。

用大白话来讲：有些人 / 机构手上缺钱，有些人 / 机构手上有钱，缺钱的一方用他手上的国债作为抵押，向有钱的人手上借钱用几天，到期了他再把钱 + 利息还回去。投资者再把他的国债还回去。所以，借钱的那一方早晚会把国债从投资者手上拿回去，是国债的回购方，投资者就是逆回购方，所以叫"国债逆回购"。

国债逆回购的优点很多，内容如下：

（1）安全性好，风险低。国债是安全性超高的产品，而且国债逆回购由交易所监管。

（2）操作太简单，只要识字就会。

（3）流动性好，约定几天期就是几天期，绝对不会晚到账。

（4）手续费低。

沪市的国债逆回购 10 万元起，深市只需 1 000 元即可参与，大家可依据自己的资金量和产品的收益率自行决定在哪个市场参与。

那么，要怎么操作国债逆回购呢? 以某证券 App 为例。

（1）登录股票交易账户后找到"国债逆回购"，如图 7-9 所示。

（2）进入产品中心，如图 7-10 所示。

（3）找到符合你需求的产品，如图 7-11 所示。

此处重点提示关注"资金可用日"，是指资金在这一天回到你的股票账户可以用于交易，但一般要再过一个交易日才能划转到银行卡。

（4）选择你想要下单的品种。

国债逆回购的收益率随着市场上资金紧缺程度和供需实时变动，但收益在自己下单的那一刻锁定了。一般在月末、季末、年末、节假日前夕市场上的资金会相对紧张，国债逆回购的收益率也会水涨船高，大家可以在这几个时间段多多关注，如图 7-12 所示。

图 7-9　国债逆回购

图 7-10　产品中心

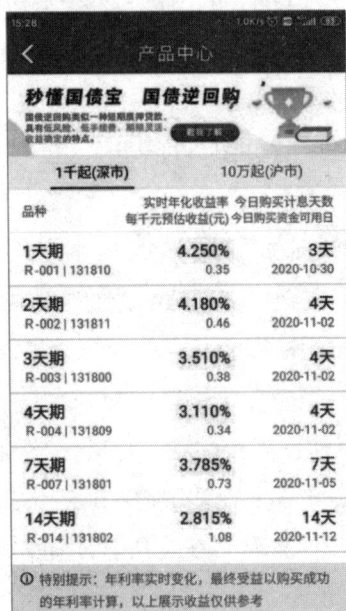

图 7-11　找到符合需求的产品

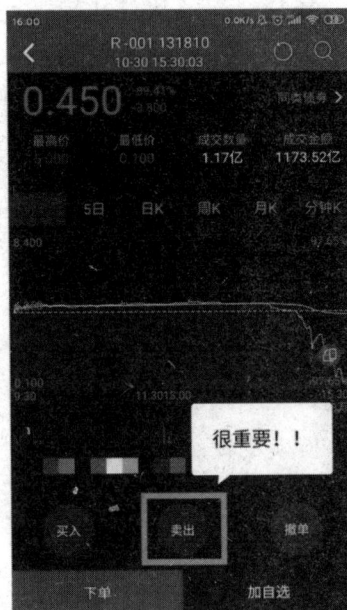

图 7-12　选择下单品种

　　此处重点提示：下单方向为"卖出"。在这一步操作每次都有人搞错方向变成买入。平时买卖股票交易的产品是股票，需要花钱把股票买回来，所以方向是买入，但在国债逆回购，交易的产品是咱账户里的钱，咱得把"钱"这个产品卖出去获得利息，所以方向是卖出。

　　（5）点击卖出以后填写自己要卖出的数量，卖出即可。会看到账户里的可用资金变少了，等到购买的国债逆回购产品期限到了，可用资金就会回来。

　　以上就是某证券 App 里的操作，其他券商大同小异，大家可自行摸索。

　　总体而言，国债逆回购是一个基本上不会花费时间、精力的理财产品，如果有闲钱，在看到收益还不错的国债逆回购产品，不妨下单将收益锁定，相当于做了一笔超短期的理财，2022 年余额宝收益只有 1 点多了，2 点多甚至更高收益的国债逆回购确实值得投资。

　　另外，如果证券账户有闲钱，当天 15：00 收市以后将闲钱参与国债逆回购 1 天期产品，既不会让你的钱晚上躺在账户上睡觉，又不影响第二天开市的交易，何乐而不为呢？因此，它属于基本不用耗费时间精力的理财途径，有时遇到节假日行情好还能薅个小红包，真是人见人爱。

第 8 章

我的经验与教训

8.1 2017—2019 年投资经历：试错

2017 年，我有了一定的初始资金后，开始了理财投资之旅，直到 2019 年，基本处于试错阶段，过程中尝试过各种不同的投资方法,可谓起伏跌宕。下面通过复盘，带领读者从中学到一些实用的经验和技能，也帮助大家跳开同样的"坑"和"雷区"。

8.1.1 所谓价值投资，竟然赚了4.2 万元

2017 年 11 月，原本我的股票投资策略只有两个：大数投资和基金定投。但实在按捺不住自己交易的冲动，抱着投资实践的心态，决心再做一次主动的价值投资。

当时基于对自己能力的认识，把它命名为"所谓价值投资"。投入的初始本金是 10 万元，最多达到 13 万元，截至 2019 年 1 月 18 日，浮盈约为 4.2 万元，收益率约为 32%。

1. 总述

我只是个普通人，所以我将这次投资赚钱的原因总结为：八成是运气，剩下的两成里，一成给我投资之前做的一系列研究，一成给我过程中对于策略的坚持。

关于运气的部分，实在是没什么好讲的。只能把自己当时研究的思路和过程中遇到的问题做一下复盘，以期给自己未来的投资一点点启发，也希望对大家有所帮助。另外，当时投资的 6 只股票，只有 2 只已经全部清掉，也就是收益坐实。剩下的 4 只还处于持仓状态，因此只能算是浮盈，如果全部卖掉，才是实打实的盈利。如图 8-1 所示，其中，有 2 只依旧处于亏损状态。

证券名称	证券数量	成本 (元)	市值 (元)	盈亏 (元)	盈亏比例
阳 光 城	4 000	25 360	25 920	560	2.2%
万 科 A	1 000	29 769	26 960	-2 809	-9.4%
保利地产	0			7 720	
海澜之家	0			9 580	
歌尔股份	2 000	8 469	36 160	27 691	327.0%
国轩高科	3 000	37 830	37 200	-630	-1.7%
		101 428	126 240	42 112	41.5%

图 8-1 笔者投资的 6 只股票中有 2 只依旧亏损

2. 选股之熟悉行业

当时，选股思路有两个：一是在自己最熟悉的行业里选，即地产；二是选择未来几年比较有前景的行业。

先说地产，虽然在地产行业待了很多年，但是从投资的角度去看自己所在的企业，却似乎并没有太大的优势。反而是在一家企业里工作时，更容易看到企业里存在的问题，对于投资而言，有可能形成干扰。

按照价值投资的思路，对房地产排名前 20 的企业进行了分析，主要分析框架如下：根据这些企业的土地储备量，计算出未来几年公司的销售额，除以当前的销售额得出一个估值系数，然后，直接乘以当前的每股净资产，得出估值，最后与当前的股价对比，得出收益水平，如图 8-2 所示。

		市净率	市盈率	净资产	估值	现价		销售额	土地储备			
融创	港	3.65	50.61	9.3	62.85336	33.8	86.0%	2973	14352	10046.4	1	3.379213
碧桂园		3.5	21	3.73	9.710557	13	-25.3%	5347	9943	6960.1	2	1.301683
恒大		6.6	60					4703	8411	5887.7	3	1.251903
万科	A	2.8	15	10.54	24.85622	30	-17.1%	4685	5637	3945.9	4	0.842241
绿地		1.6	12	7.94	17.74243	12.7412	39.3%	2678	5343	3740.1	5	1.396502
中海	港	1.09	7.16	22	40.98985	24.2	69.4%	1871	3320	2324	6	1.242117
福晟集团								347	2980	2086	7	6.011527
华夏	A	3.62	19	7.15	38.3225	25.85	48.2%	1052	2685	1879.5	8	1.786597
龙湖	港	1.45	10.6	12.72	23.445	18.44	27.1%	1484	2605	1823.5	9	1.228774
富力								793	2200	1540	10	1.941992
中南置地								779	2016	1411.2	11	1.811553
		1.5	12	4.8	4.009091	7.2	-44.3%	2464	1960	1372	12	0.556818
	港	1.25	7.8	17.55	24.85122	21.9	13.5%	1245	1679	1175.3	13	0.944016
华润	A	1.34	12	12.28	20.19215	16.52	22.2%	712	1561	780.5	14	1.096208
招商蛇口	A	1.95	20	3.4	7.079649	6.61	7.1%	769	1525	1067.5	15	1.388166

图 8-2　计算收益水平

3. 选股之潜力行业

选未来的潜力行业是不难的，比如医疗、消费、VR、电动汽车等。也是在这几个行业里花了一番心思，才挑出来几个合适的标的。

具体看的指标是 PEG。PEG 是指公司的市盈率除以公司的盈利增长速度，如果 PEG 低，则证明公司市盈率低、盈利增长好，值得投资，这也是彼得·林奇最喜欢用的一个指标。

如图 8-3 所示，根据这个指标选出的几家企业是海澜之家、国轩高科、歌尔股份和迪安诊断，分别对应了服装消费、电动车电池、VR 设备和医疗。

后来发现，不管是 PEG 还是其他价值投资的方法，给企业估值都涉及一个核心的指标，即利润增长率。在计算时，基本是直接计算以往 5 年的平均值，但是显然不够精准。要想更进一步，则需要深入研究财报，分析企业营收、经营策略、发展空间等因素，的确是一门功夫。

	持股计划	买入价	仓位	比例	买入理由
海澜之家	2年，一次性买入，择机减仓	9.254	3.2	32.0%	一年内低点，产品性价比高，成长性
保利地产	1年，一次性买入，择机减仓	12.713	2.5	25.0%	合并，同规模低估，也具有成长性
阳光城	2年，分2-3次买入，择机加仓	6.842	1.5	15.0%	土地储备高，成长性极好
万科	5-10年，定投策略，每月一手		0.8	8.0%	
歌尔股份	2年-5年，2-3次买入择机加仓	16	1	10.0%	VR设备、主营业务收益良好、发展性好，PEG估值0.82
国轩高科	2年-5年，2-3次买入择机加仓	21.7	1	10.0%	锂电池、主营业务收益良好、发展性好，PEG估值0.6
迪安诊断			0	0.0%	医疗概念、年低点、PEG估值0.9
			10		

图 8-3 对标企业

总而言之，根据上述原则选出来 6 只股票建仓，一共 10 万元。

4. 起起伏伏

建仓不久，保利地产首先起势了，直接猛烈地上涨。测算的估值是 17 元，结果是直接涨到了 17 元。

海澜之家，在买后不久传来了腾讯入股的消息，也是一通涨，卖掉了部分，留了 1 000 股（这 1 000 股都是收益），成本为负。

2018 年股市低迷，股市行情一路向下，尤其是歌尔股份和国轩高科。此期间歌尔股份的股价从开始建仓时的 21 元 / 股一路跌到了 6.48 元 / 股，虽然整个过程是无比漫长和痛苦，但我则是坚信自己的判断，在下跌过程中不断加仓。终于，从 2022 年开始，歌尔股份的股价很快涨回到了 18 元每股。其中，有两次卖出，现在的成本已经降到了 4 元多一股，如图 8-4 所示。

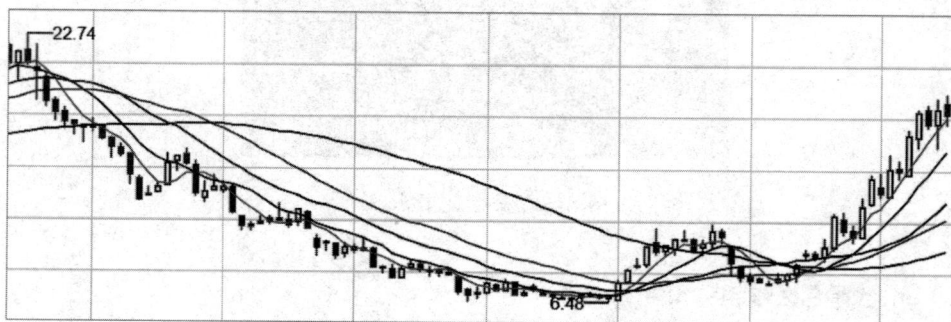

图 8-4 歌尔股份股价成本下降

5. 总结

虽然"所谓价值投资"也是一种自以为是的炒股策略，不过，还是有所收获的，比如认识到了分析企业的难度、比如感受了起伏跌宕的过程，最重要的是帮助我形成了自己的投资策略：低估值、组合和长期定投。

其中，低估值仍然要求研究企业，但是不会过深，同时也会主动放弃掉明显高估的概念股；组合是抵御波动的核心策略，个股可能暴跌，但组合会进行对冲，保护收益；长期定投不仅可以降低成本，也是把闲钱用来购买优质股权资产的最佳方式。

8.1.2 基金定投，跟投"大 V"到底行不行

从 2017 年 5 月开始了基金定投，一直是跟着某"大 V"的实盘，几乎没有断过。开始定投时，大盘的点位是在 3 200 点左右，2022 年 9 月大盘的点位不到 2 900 点。大盘虽然跌了不少，但是同期对比沪深 300 指数，发现沪深 300 还上涨了一点点（0.82%）。

经过手动计算，投入的本金是 16 万元，浮盈 0.95 万元，收益率是 5.96%。所以，用自己亲身的经历验证了一件事，基金定投长期坚持，是可以赚钱的，如图 8-5 所示。

总资产(元) 👁   ①

194,437.91 ⣿

昨日收益   持仓收益
+600.61   9,948.14

图 8-5　基金定投收益

1. 钱是怎么赚的

赚钱是没有问题的，接下来要思考的问题是，我是跟投"大 V"赚的钱吗？

你如果跟投过"大 V"，不难发现每次的定投实盘都非常复杂，不仅跟投五六个品种，每个品种的金额还都不一样，不仅不一样，而且有零有整、精确到分，比

如图 8-6 中银河沪深 300 价值指数（519671）：2 365.01 元。自己每次看到这个数值，都要感慨一番：“专业的就是不一样，金额都搞得这么精确”。

跟投两年四个月了，收益情况与普通的定投相比，到底是怎样的呢？我的总收益率是 5.96%，接下来同样的周期里、同样的总金额，对比普通的定投策略，会有怎样的收益率。比如，每月定投最普通的沪深 300 指数基金，如图 8-7 所示。收益率是 7.46%，比跟投“大 V”的还要高 1.5 个百分点。

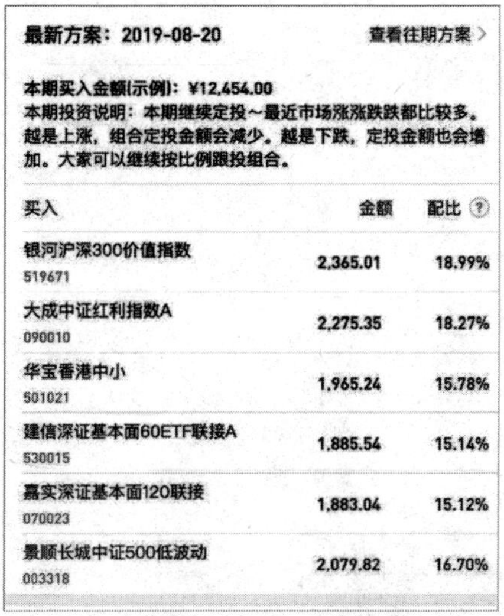

最新方案：2019-08-20　　查看往期方案 >

本期买入金额(示例)：¥12,454.00
本期投资说明：本期继续定投～最近市场涨涨跌跌都比较多。越是上涨，组合定投金额会减少。越是下跌，定投金额也会增加。大家可以继续按比例跟投组合。

买入	金额	配比
银河沪深300价值指数 519671	2,365.01	18.99%
大成中证红利指数A 090010	2,275.35	18.27%
华宝香港中小 501021	1,965.24	15.78%
建信深证基本面60ETF联接A 530015	1,885.54	15.14%
嘉实深证基本面120联接 070023	1,883.04	15.12%
景顺长城中证500低波动 003318	2,079.82	16.70%

图 8-6　某“大 V”的定投方案

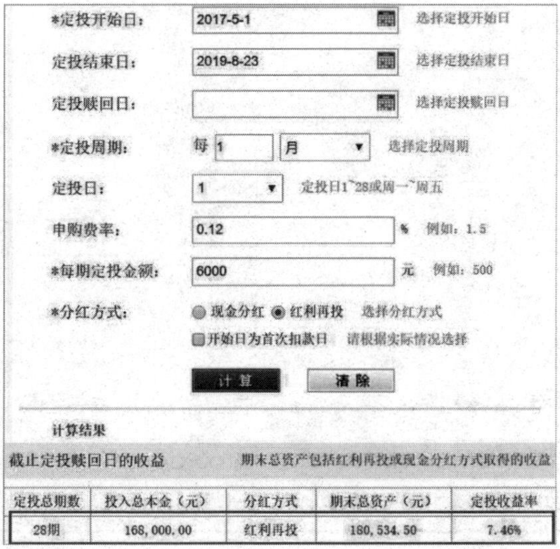

*定投开始日：2017-5-1　选择定投开始日
定投结束日：2019-8-23　选择定投结束日
定投赎回日：　选择定投赎回日
*定投周期：每 1 月　选择定投周期
定投日：1　定投日1~28或周一~周五
申购费率：0.12 %　例如：1.5
*每期定投金额：6000 元　例如：500
*分红方式：现金分红 红利再投　选择分红方式
开始日为首次扣款日　请根据实际情况选择
计算　清除

计算结果
截止定投赎回日的收益　期末总资产包括红利再投或现金分红方式取得的收益

定投总期数	投入总本金（元）	分红方式	期末总资产（元）	定投收益率
28期	168,000.00	红利再投	180,534.50	7.46%

图 8-7　沪深 300 指数基金收益率

如果改成"大V"推崇的周定投呢，看能否有所提升，结果是 7.17%，如图 8-8 所示。

沪深 300 不只有指数基金，还有在此基础上的增强型基金，比如定投组合里的银河沪深 300 价值，以及兴全沪深 300 增强等，来看看定投这两只会如何。

可以看到，银河沪深 300 价值（519671），每月定投一次，收益率是 9.52%，如果换成每周定投，收益率是 9.02%。兴全沪深 300 增强（163407），每月一次，收益率 15.21%，如图 8-9 所示。

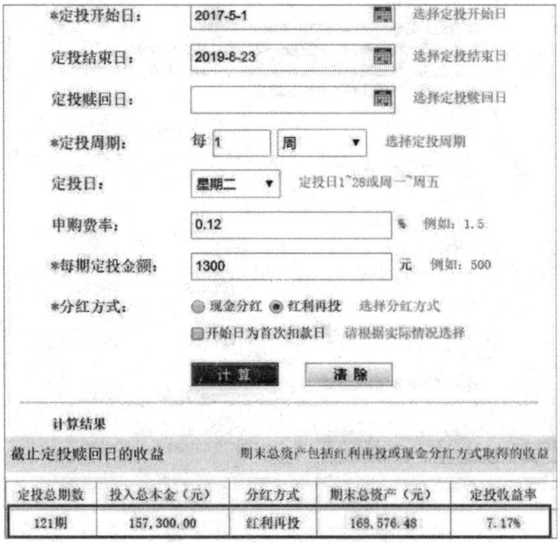

图 8-8　周定投投资收益

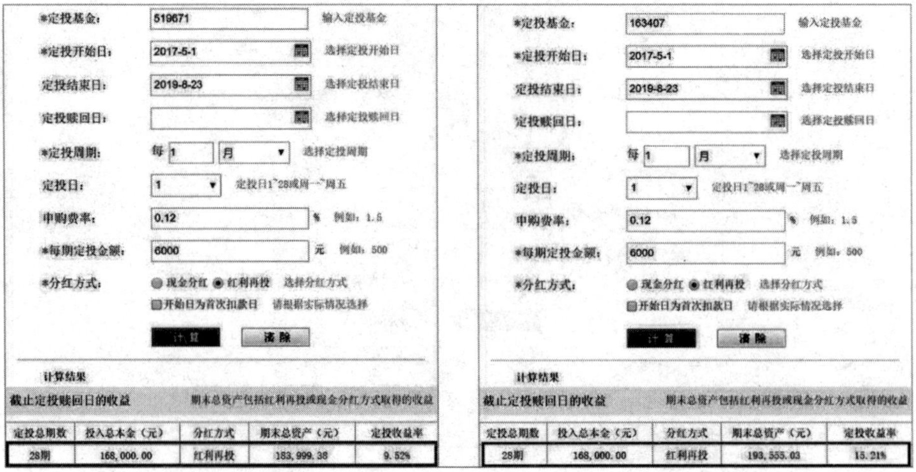

图 8-9　不同定投周期取得的收益率比较

这就非常尴尬了，在两年半的周期里，如此笃定地跟着定投"大 V"做定投，结果还不如直接定投沪深 300 指数基金的收益率?

2. 科学思考

如果此时下结论"跟着"大 V"做定投，结果还不如直接定投沪深 300 指数基金的收益率"，是不合理的。因为是拿自己两年四个月的周期进行比较，可能存在一定偏差，接下来就用"大 V"自己的实盘周期进行对比，他是 2016 年 1 月 1 日开始定投，目前总收益率为 26.28%。同样进行每周定投，经过测算，定投沪深 300 指数基金的收益率为 13.27%，差了近一倍。银河沪深 300 价值是 22.29%，兴全沪深 300 增强是 28.06%。

那么，年收益率如何呢?"大 V"的没办法直接算，不过，可以测算和他差不多的标的，比如兴全沪深 300 增强指数基金在同样周期定投的年收益率为 13.97%，"大 V"的应该略低一点，但估计在 12% ~ 13%，如图 8-10 所示。

所以，可以得出一个结论，"大 V"的投资组合虽然这么复杂，但是确实有用，按照他的定投周期计算，至少收益率比直接定投沪深 300 要高得多，比大部分的沪深 300 价值或者是沪深 300 增强也要稍高，比如富国(24.5%)、申万菱信沪深 300 价值指数(22.26%)。即使有比他收益率高的沪深 300 相关指数——兴全沪深 300 增强。

C46			×	✓	f_x	=XIRR(C1:C45,B1:B45)	
▲	A	B	C	D	E		
1		2016/1/1	-1000				
2		2016/2/1	-1000				
3		2016/3/1	-1000				
42		2019/6/1	-1000				
43		2019/7/1	-1000				
44		2019/8/1	-1000				
45		2019/8/23	56592				
46			0.139683				

图 8-10　测算类似标的

3. 结论

由此可以得出以下几个结论:

第一，基金定投大概率是能赚钱的，现在入场肯定也可以。

第二，周定投和月定投没有什么区别，甚至收益率有可能会拉低。

第三，定投定额是可以的，不定额对收益率的影响并不明显。

第四，"大 V"做的定投策略，如果中途"上车"，收益率不一定比直接定投沪深 300 高。

第五，选择一只好的沪深 300 增强指数基金定投，有可能超过"大 V"的收益率。

8.2　2020—2022 年套利

投资之路进入了新的阶段，由于有了更多的时间和精力，我开始运用各种套利手段，谋求更多的低风险收益。恰好这些套利操作、技能和经验是大家能即学即用。

8.2.1　港股打新的"疯狂"

港股打新曾经是无限风光的，在 2020 年和 2021 年初达到了顶峰，后来随着全球股市的调整和加息周期的到来等，进入了长时间的低迷期。截至 2022 年 9 月中旬，恒生指数创出近 10 年的新低，港股打新依然没有起色。

我主要参与了 2020 年和 2021 年的打新，收益不错，但在后期打新低迷之后，选择了投资港股，主要是互联网中概股，在 2022 年中，亏损很大，打新的收益所剩不多。

港股打新既然是阶段性的红利，过去了就过去了，那么，还有必要总结什么吗？有的，其中，对于套利的理解和一些项目的思维模式是值得好好总结的，如果再出现好的套利机会，就可以直接上手了。

第一点：本金的重要性。

本金太重要了，100 万元的本金，1% 的收益是 1 万元，而 1 万元，要翻倍才能赚到 1 万元。港股打新自然也是本钱越多越好，中签的概率更高、中签的金额越大，能获取的收益也越高。所以，在你本金不多时，过度关注收益，其实没有什么用，应该把更多的精力放到积攒本金上面。

第二点，调动资源。

投资及港股打新，归根结底是一个调动资源的过程。我们的资源有什么？资金、时间和经验。在自己资金量太小时，即使投入再多的时间，可能也不会有多大的提升。当然，加上杠杆是一种方式，像贷款买房一样，如果能够找来可控的资金，那么，可以用自己的时间来赚取收益。特别是在港股打新上，无疑更加体现这个道理。

我一直提示，港股打新三要素：资金、运气、策略。其中，运气除中签概率以外，也包括整体的市场环境；资金的重要性似乎越来越大，毕竟有钱肯定可以保证中签；策略上，更加强调的是新股的选择、融资的力度、中签率的分析等。但是，这些都是初级层面，要想赚更多的钱，必须打开思路，从底层策略上去优化、提升。

从资源调动的角度来讲，底层的策略应该是如何筹集更多的资金和账户，把单笔投入有限、单次收益也有限的套利项目规模化，提升整体的收益。

这种思路在后期的任何套利项目中，都值得大家发扬光大。

8.2.2　A 股打新

在当前的时间周期里，港股打新基本失去了参与价值，但 A 股打新依旧火爆，虽然屡有破发，但阻挡不了大家的热情，导致中签率极低。港股打新需要提供足额的认购金额，A 股打新却是可以先申请，中签了再交钱。A 股又存在比较强的赚钱效应，导致了 A 股基本任何一只新股都是被大家无差别申购，中签率自然很低。

但 A 股注册制以后，确实出现了越来越多破发的新股，更有甚者，某些高价股破发后，中签的亏损高达数万元。这就对打新策略提出了更高的要求。

对此进行相关总结，有以下几个建议给大家：

（1）可转债，继续无差别申购。

卖出策略主要有两种：一是上市首日即卖，省心；二是如果首日没有达到130 元，选择长期持有，可以结合可转债轮动策略，自行选择，适合不缺钱的人。

（2）主板新股，无差别申购，没有破发，表现良好，最差的也仅仅是首日涨不到 44% 而已。

卖出策略是最简单策略——打开涨停板就卖出，其实有些新股后期会有炒作，但不太好把握，是太难的题目，建议你直接放弃。

（3）创业板与科创板新股，情况略微复杂一些。

由于注册制的缘故，有些新股的发行价确实很高，如果赶上市场不好，那么，破发的概率很大，假如一手金额高，亏损也随之也比较大。

推荐的策略是：如果你有申购资格，还是选择无差别申购，但是账户里别留太多钱，如果中签，可以抽点时间研究新股基本面，有一定的胜率再缴款。以降低决策频率和难度，不用每一只新股都花时间研究。

至于新股的质地，有两条经验大家可以参考：

一是如果科创板发行价较高，破发的概率比较高，需要谨慎一些，即使创业板当天破发的标的极少。

二是低价股不会破发，比如，低于 20 元的股票，没有一只是破发的，可能是因为更容易炒作。与之相对的是高价股，尤其是科创板的高价股，小心为妙。

最后，新三板的精选层打新，就能充分说明了这一点。主要有以下两种玩法：

一是一手，每只新股都申购一手，保证资金的最大利用效率，与港股打新有点儿像（新三板的分配规则是按照申报时间，越早申购越早配售）。

二是全部买入其中一只，拿很多货，但这可能需要上百万的资金才有意义。虽然中签率低，但挡不住自己钱多，只要确定性足够，那么，多申购就能保证多中签，也就赚得越多。

据统计，一手申购策略的中签收益是可以过万的。有很多人做到了，如果上大资金申购，收益会更高。在原有的规则下，申购时间非常重要，申购越早越容易中签。基本上在 8:30—8:45，要用券商的 App 或者用电脑申购。

套利成功主要靠以下两点：

一是发现机会。

二是坚定执行，时机转瞬即逝。

8.2.3　基金套利是力气活

1. 成功案例：利用 8 万元本金、4 天时间赚到 6 500 元

这次套利操作，选择的标的是南方原油 501018，是一只 QDII 基金，当然也是 LOF 基金。

场外基金跟踪的是美股的两个指数，分别是 60% 的 WTI 原油和 40% 的布伦特原油价格，因为时差的关系，隔一天才会更新净值。场内基金正常情况下是跟踪净值的，买卖频繁时，价格会跟净值有偏差，但不会太大。

不过一旦出现特殊情况，溢价可能超乎想象。通过场外申购，再转到场内卖出，

就可以进行套利。这次机会的出现是特殊情况的结果：石油价格战。石油价格战导致油价暴跌接近 30%。几乎所有人都知道，属于显性信息。油价暴跌后，原油基金可能存在抄底机会，则是第一层隐性信息。利用别人的盲目抄底行为，可以进行溢价套利，是第二层隐性信息。

该基金跟踪的指数在周末暴跌了 30%，其净值在周一更新时会体现出来。因此，于周一申购最为稳妥。为求简便，假设原来净值为 1 元，周一的新净值应约为 0.7 元。

关键来了，场内基金价格的波动是有涨跌停板限制的。因此，该基金周一的场内价格直接按死在了跌停板，但是价格是 0.9 元。此时，一个价格是 0.7 元，一个价格是 0.9 元，如果以 0.7 元的价格买了，再以 0.9 元的价格卖掉，岂不是赚 28%？

当然，并没有这么简单，交易是有时间差的。首先，你要知晓申购赎回和买入卖出的区别，申赎是个人和基金公司的交易、向基金公司按照净值要份额，买卖是个人和场子里其他人的交易、按照场内价格和别人换份额。

申购必须要在当天 15∶00 前完成，才能按照当天的净值计算份额。而且是 T+3 操作，也就是周一 15∶00 前申购了，周二晚上确定了周一的净值，周三晚上才会体现出你持有的份额情况，周四才能交易。

另外，还有一点非常关键，场外申购不要用基金软件，虽然也可以转场内，但是又要多一天时间，要直接用证券软件操作，证券软件里也有基金申购的功能，申购完成后，份额会直接显示，才能保证 3 天后可以直接卖出。

这也就能看出问题的关键了：周一的净值和价格溢价很大，但是周二、周三这种差距会逐渐缩小，甚至有可能变成折价，如果场内价格低于净值，则可能会产生亏损的风险，但由于溢价空间很大，超过了 20%，而跌停板的限制导致每天最多下跌 10%，所以这次风险并不大。

它的具体过程如下：

周一看，注意到套利机会，两个账户各在证券的基金申购页面申购 2 万元（2 万元是当时的限额）；

周二开盘后，看到场内价格没有跟随净值下跌，而且随着大量自以为抄底的人进场，价格翻红，于是继续申购 4 万元。

周三收盘时，场内微跌 3.5 个点，而且开始限制申购金额到 2 000 元，当天继续申购了一点。

周三晚上，看到账户里显示南方原油，如图 8-11 所示。(单账户成本 2 万元)周四开盘，场内直接跌停，后来收跌到 7 个点，全部卖出，盈利 4 500 元。

名称⊿/市值	盈亏	持仓/可用	⊜成本/现价
南方原油	4171.160	27594	0.725
24172.340	20.830%	0	0.876

图 8-11　南方原油盈利 4 500 元

周四晚上，周二的份额到位，显示如图 8-12 所示。(单账户成本 2 万元)周五开盘，场内跌了 5 个点，直接卖出，共计盈利 2 000 元，且该原油基金暂停申购了。

两次操作，动用本金 8 万元，4 天时间，合计盈利 6 500 元。

名称⊿/市值	盈亏	持仓/可用	成本/现价 ＞
南方原油	4491.410	27035	0.652
22114.630	25.460%	27035	0.818

图 8-12　南方原油 4 天时间合计盈利 6 500 元

2.失败案例

接下来聊一次失败的案例：亏损不多，几十元钱，但让自己知道了套利的风险所在。标的是广发石油，它是与南方原油类似的一个 QDII 和 LOF 基金，最终以失败告终，按照策略当日果断离场，第一天盈亏平衡，第二天单账户亏损不到 10 元钱。

依据《对赌》书中的思想，决策本身的质量和决策结果要分开，本次结果一般，但我们需要反思的是决策过程，以期在下一次决策时提升质量。

一是先看具体过程，当时广发石油溢价率 4.2%，扣除申购成本 0.15%，还有 4% 的空间，但是这个空间要面对 3 天涨跌的不确定性。4% 是本次的安全垫，从结果来看不够厚。因此，下次套利可以保守点，考虑更高的溢价率，比如 5% 以上。

二是这三天的不确定性来自哪里。直接的不确定性，肯定是场内价格的涨跌，但是这个价格的涨跌与场外基金的净值变化又是相关的，净值的变化来自哪里? 来自于基金跟踪的指数，也就是道琼斯美国石油开发与生产指数。

流程是：在 T 日发现溢价率后，选择 15：00 前申购。这次申购要按照 T 日晚上开市、T+1 日凌晨美股指数的收盘价，算出净值，因此在 T+1 日晚上才会确认申购的净值是多少，同时 T+1 日晚美股继续涨跌；基金公司 T+2 日确认申购，在晚上可以在软件里看到自己的持仓，同时 T+2 日晚美股继续涨跌；T+3 日，才可以在场内卖出，但是因为套利大军的获利卖出，价格肯定会比预期低一点。

下面为大家梳理出以下三种简化的情况：

T 日到 T+2 日，3 天里美股变化不大，微涨微跌，场内外的溢价率保持住，可以赚到这部分溢价。

T 日到 T+2 日，3 天里美股大涨，场内跟涨，溢价率或高或低，但大概率赚到。

T 日到 T+2 日，3 天里美股大跌，场内跟跌，如果跌幅超过原来的溢价率，则大概率亏损。

因此，赚钱的概率起码有 67%。但这次就是不幸遇到了美股的大跌，造成亏损。最后的总结如下：

第一，套利收益的来源是场内和场外的差价，有时运气好，可以加上基金本身的上涨。

第二，套利要有足够的安全垫。

第三，套利成功或者失败，都要果断撤退，不能过夜。

8.2.4　可转债抢权配债

套利的原理：从规则上而言，在可转债申购的前一天只要持有正股，申购当天就可以享受配债的权利，根据可转债发行公告的每股含权比例，最少 200 股配售一手（1 000 元），最多没上限。

可转债市场只要不出现系统性的下跌，那么，新债上市的收益多则有几百元，少也有一两百元，于是产生了为了配债而抢权的套利策略。

1. 一阶玩法

具体来讲，在申购前一天买入正股、申购当天卖出，具体而言是收盘前买入、开盘时卖出。接着，做套利的盈亏计算：相对确定的收益，来自于配债成功，新债上市当天或者持有一段时间后卖出。以 200 元为例，可能获得的收益，正股向上波动或者不变，假如买入 5 000 元正股、股价上涨 2%，那么，整体收益为 100+200=300（元）；可能的亏损部分，正股向下波动，假如买入了 5 000 元正股、股价下跌 2%，亏损为 100 元，则整体收益为 200-100=100（元）。当然，如果股价下跌 4% 或者更多，整体亏损，套利失败了。这属于抢权配售的一阶玩法。

2. 二阶玩法

套利的成功与否，取决于市场是强有效还是弱有效。

如果是弱有效，知道这种方式或者参加该套利的人少，那么，成功的概率很大，一般情况下，股价前一日收盘和后一日开盘的价格应该不会相差太大。

如果是强有效，很多人都知道这种套利方式，并且参与其中，会造成申购前一天大量买入、当天大量抛售，前一天正股价格很高、当天价格暴跌，这样大概率是亏的。于是牵扯出抢权配售的二阶玩法：提前埋伏。

提前多久是个技术活儿，这里就充分展示出了市场有效性的好玩之处：当大家都提前到申购的前两天时，就会有很多人提前到前三天甚至更久，然后趁着申购前一天股价上涨而卖掉，直接放弃配债的机会，反正已经赚了不少。

配债不是目的，赚钱才是，落袋为安还省得再去等待新债上市的时间了。

接着，当大家都提前好多天去埋伏时，趁着股价上涨选择获利了结，股价甚至在配债前一天出现了暴跌，然后配债当天继续跌。此时还在一阶玩法里的人会出现懵懂未知的状态。

注意，这里还必须关注大环境，大盘很好时，多数正股本身位置不高，于是很多提前埋伏的可以成功，如果大盘整体不好，这部分套利的人产生的影响就很有限了。

3. 实验结果

个人抱着实验的态度，提前埋伏了几个，完整体验了一下这个过程。目前的情况是：瑞鹄模具，盈利 1 500 元，最终配债 12 张，新债预计可盈利 600 元；富春染织，盈利 70 元，最终配债 10 张，新债预计可盈利 300 元；丰山集团，盈利 130 元，最终配债 10 张，新债预计可盈利 200 元，如图 8-13 所示。目前还持仓的几个潜伏标的，合计盈利约为 1 300 元，姑且就算作 4 000 元。

过程中，上述三只正股都有更夸张的涨幅和浮动收益，甚至超过了新债的预计收益，但最后等到了配债，并未提前卖出。经过实验，对这个玩法有了理论认识和实践经验，接下来便可以发扬光大了，下面简单分享后期的思路：

首先，先关注大盘，如果行情整体向下，以谨慎为主。

富春配债	0.000	10	0.000
1000.000	--.000	0	100.000
绿动转债	97.780	10	100.202
1098.800	9.660%	10	109.880
瑞鹄配债	0.000	12	100.000
1200.000	0.000%	0	100.000
丰山集团	129.980	0	13.020
0.000	1.000%	0	13.150
丰山配债	0.000	0	0.000
0.000	--.000	0	100.000

图 8-13　不同配债盈利情况

其次，分析待发行的可转债，包括发行规模、网上认购规模、配售 10 张所需股数和金额、预期可转债收益等等，寻找值得埋伏的对象。

再次，提前介入埋伏，考虑摊大饼同时介入几只，当然，可以买入配售两手或者更多的正股金额，等待半个月到一个月的时间。

最后，落袋或者配债阶段：假如涨幅不错、比新债预计收益高很多，可以全部出掉；假如涨幅尚可，那么，卖一半落袋、剩一半配债；假如涨得一般甚至下跌，则选择配债就好。把主动权掌握在自己手里。

当然，其中的核心部分在于待发行新债的分析，这是个细致活儿。当别人还在苦恼打新债怎么都中不了时，咱们已经走在了抢权配债的路上，当别人抢权配债总是亏损时，咱们已经找到了进化的操作方案。

总而言之，看到更多的风景。

4. 百转千回

或许以为事情就这样完美地结束了，非也，贪心会让人忽略风险。这几次成功之后，加大了投入力度，最高峰时一度盈利超过 1 万元。

但很快风云突变，大盘掉头向下，配债的股票也是泥沙俱下，最后不得不亏损清仓了所有股票，盈利只有 2 000 多元了。

因此，不难发现，配债抢权不同于之前介绍的两种套利，要承受股价的波动。

除非是单纯的一阶玩法，配债前一天买入、配债当日卖出，但这种玩法在相对有效的市场下，已经没有空间，如果要想提前入场，则要承受更多时间的股价波动，要面对的风险自然也更大。

因此，首先要看大盘环境，再去判断是否参与，市场好时，配债抢权会在短期内附加一个上涨的逻辑，但市场不好时，这个逻辑并不一定能对冲掉大盘的系统性下跌。

8.3 投资规划与教训总结

除了套利，我们也可以花一些精力在投资规划，让自己的资金以预设的姿势滚雪球，不过，前提需要大家做好详细且可执行的规划，并在实战中进行经验总结，甚至是反思。

下面通过个人的投资经历，为大家分享规划逻辑、技巧和经验，带领大家做一遍投资规划复盘和经验总结。

8.3.1 百万投资规划

三年前，卖房套现 120 万元时，对于自己的投资能力没什么信心，所以只拿出了 1/2 来投资股市，剩下的 1/2 选择再买一套房。

如今，再次手握 200 万元，该如何进行投资？

1. 房产

三年的时间里，经历了很多，学到了很多。首先，经历了一次失败的房产投资。这次失败让我反思了自己的房产投资逻辑，逐步转向租金收益模式。

再投资房产的话，一定会首先考虑租金，起码保证现金流的平衡。之前有想过投资天津市中心的房产，不过租金太低，不得不打消了这个念头。后来放眼全国，我觉得深圳是个不错的选项。我测算过，投资一套深圳核心位置的独单，交 100 多万元的首付，租金是完全可以覆盖掉贷款支出的，随着租金的上涨，还能获取正的现金流及房子的增值。

但是考虑到房产卖出的时间长、资金流动性差、精力成本高等因素，还是作罢了。

2. 股市

然后是一次完整的股市投资经历。从 2017 年 3 300 点时入局，到 2018 年下跌时一路补仓，到 2 450 点时浮亏十几万元，再到 2019 年卖出时盈利 13 万元，一路跌宕起伏，尝试了各种投资方法，包括大数投资、基金定投、价值投资，以及最后的短线炒股。

看起来热热闹闹，那学到了什么呢? 我觉得是从容和淡定，以及继续投资股市的信心。

接下来的问题是，这一次要如何投资? 思来想去，决定搞一个 200 万元的投资，躬身入局。

有两个重要的考虑维度：一是资金规划，这将是一次极佳的实战案例；二是投资方法，股票价值投资、股票中短线、基金定投、股票债券 5050 策略、全球资产配置、港股打新等投资策略，准备分别配置资金进行尝试。

理论知识谁都会讲，实践真知则更加难能可贵。因此，躬身入局、亲自实践，是我这次的选择。

3. 资金分配

第一，要先预留出家庭的财务安全备用金，10% 的比例，也就是 20 万元。经过计算，未来家庭的收入是完全可以覆盖掉支出的，而且仍有盈余可以持续投资，但还是要预留这部分资金。作为现金储备，可以应对突发状况，可用于配置保险，最后在股市遭遇重创时还可以入场补仓。

第二，和爱人梳理了近两年的家庭计划，预计不会有大额的主动性支出，旅行的话会每年设置专项资金。同时我对现金流有充足的信心，所以，不再预留中期备用资金。

第三，剩余的 180 万元全部用于长期投资，起码三年内不会动用投资的本金，这样就可以坦然面对波动。

4. 投资实验

既然名为实验，则必须要具备实验精神，亲自拿钱来投资。其中的每一样投资策略都是独立的，互不相干。有句话说得好：没有一种完美的投资策略，只有最适合自己的。

这次实验，希望可以用三五年的时间帮助我找到最适合自己的方法。重头戏是我的"五年之约"长期股票投资计划，它是基于大数投资的一种投资策略，核心策略只有三条：组合、长期和低估值。

当然也可以是定投模式，但由于存量资金到位，可调整为一次性投资，毕竟现在标的的价值都相对低估。计划为：投入资金120万元，10只股票每只给12万元的额度，但不是一次性满仓，预计九成仓位。

接下来，我会拿出10万元用于股票中短线的投资，也就是一般意义上的炒股，投资期限是一年，每年回顾总结，以期能获得超过20%的收益率，与之对应的，要付出较多的精力，可能要每天看盘。

套利和港股打新两部分计划投入10万元。

接下来是基金投资，准备践行一个极其简单有效的投资策略——股票债券5050，计划投入10万元，A股股票基金和债券基金分别配置50%，每半年进行一次再平衡，基本不需要花精力打理。

然后，做一份ETF的投资计划，其中A股、港股、美股、黄金、债券、原油等都进行配置，算是做一个全球的资产配置，计划投入10万元。

为了对比，计划再拿出10万元，买两三家基金公司的产品，选择的标的是全球资产配置的产品。都准备长期持有，不仅与不同的产品做对比，也会与自己的ETF计划进行比对。

最后是基金定投，它需要选择标的、看估值、进行买入卖出的操作，这部分也是投入10万元，但会分成20份，每个月投入两份，逐步定投，现金流的增量也考虑进行定投。关于标的的选择，绝大部分会集中于A股，会结合其他一些"大V"的推荐，也会自己分析整理，如图8-14所示。

单位：万元

躬身入局、投资实验					
	资金量	投资期限	目标年化收益	波动率	看盘频率	浮动盈亏
百万实验	120	5年	15%	高	一次/每月	
短线炒股	10	1年内	20%	很高	一次/每天	
港股打断	10	开盘卖出	20%	很高	一次/每天	
5050策略	10	3年+	8%	低	一次/每季度	
ETF计划	10	3年+	8%	低	一次/每月	
平台产品	10	3年+	8%	低	一次/每月	
基金定投	10+增量	3年+	10%	中	两次/每月	
总计	180					

图8-14　基金定投标的的选择

8.3.2　港股打新的败局反思

虽然随着近期几波医药股的回血，整体还是有些盈利，但港股打新的收益结果却并不理想，主要有以下几个原因：

一是高昂的融资成本；

二是几次捞货产生了不小的亏损，比如京东物流和奈雪的茶；

三是时代天使，我犯了战略性错误：打新时没用力、暗盘胆小没敢捞。因为京东物流的亏损不敢捞它，又因为它的表现捞了奈雪的茶。

总结的教训是：不能用战术上的勤奋，来掩盖战略上的懒惰（这是一条教训）。港股打新政策的变化，我们必须做一些规划，如果后期并未严格执行，不能按惯性思维继续操作。现在才复盘总结出这样几条新玩法：

一是提升自己的能力，对新股的分析、投资或者投机价值的判断已经成了最重要的能力，资金量、账户数目已经退居次位。

二是将资金重新规划整理，或者回来做 A 股的投资，或者集中到港股账户，做港股的投资，比如恒生科技 ETF 之类。账户的优化，一些不好用的券商该放弃就果断放弃吧，浪费太多的时间精力，属实不值得。

8.3.3　A 股的冰与火

生命在于折腾，而投资在于少动。

不管是可转债轮动，还是股债平衡，还是永久组合，建仓完成后都基本不用花时间打理，省心省力，且 2021 年的收益率也不差，甚至更好。

但是 A 股的股票组合可不一样，花了大量的时间在上面，得到什么了吗？

还是得分开说，如果是用来读财报、看研报、学习商业模式、判断护城河，付出的时间和精力肯定都是值得的，也确实让我的企业分析能力有了提高。

但是如果用来看盘、追涨杀跌，那基本就是在浪费时间了。

8.3.4　三个教训

第一，不要轻易重仓。

首先明确什么是重仓，有的人认为得超过 50% 仓位才算，有的人认为超过33%。

我觉得可以给一个主观的标准：仓位全部亏光了，会非常难受的仓位，就称为重仓。这样我觉得 20% 以上基本就算重仓了。

在大数投资和可转债轮动策略中，单只标的的仓位最高都不超过 5%，就是避免单只标的对组合的影响过大。

重仓最大的害处是：下跌甚至暴跌会对组合产生极大的影响。比如，组合里的南极电商，快速建仓后达到 15% 仓位，上涨一阵后最高超过了 20%，现在一路跌回了不到 10%；另一只天能股份，最高点也是涨到超过 20% 的仓位，现在跌下来后也只有 11% 了。两只股票对组合产生了接近 20% 的回撤影响，不可谓不大。

那问题来了，应不应该重仓？

其实还是因人而异。重仓获得成功只有两个前提条件：有十足的把握，同时配上极好的运气。

绝大部分人是没有这个条件的，要么是根本没有足够深入的理解，要么是运气不总是那么好，要么是熬不住时间的磨炼。

因此，给自己定了以下两条规则：

一是，不轻易再让单只股票超过 10% 的仓位；

二是，不再进行右侧加仓。

第二，放弃短线。

什么叫短线？恐怕每个人的定义也不一样，超长期投资者认为持有一年以内都叫短线，中期投资者认为 3 个月以内算短线，也有很多人认为一个月以内才算短线。

说实话，买入之后经常看盘、涨了后悔买少了、跌了后悔买早了，完全不看公司基本面只看 K 线走势的，都可以称为短线。

起码要 3 个月的时间，公司才会出具一份财报，展示自己的经营业绩，哪怕业绩有起伏，公司的本质也应该不会有 180 度的变化。

剧烈变化的只是市场的看法而已。

短线的问题我认为有两个：

一是需要投入巨大的精力。起码要盯盘，这比起认真学习公司财报或者读几本书来讲，劳累程度是差不多的。

二是胜率很低。短线要求我们做出的决定次数太多了，看着 K 线的波动就想操作，这种情况下多数都是靠直觉，犯错的概率指数级升高。

据我所知，很优秀的短线选手也只能把胜率提高到 50% 多一点，而且要求盈利时赚得多、亏损时亏得少，这样才能赚钱。

因此，我给自己制定了两条规则：

一是严格控制一只股票的买入，学会等待；

二是拉长建仓的周期和节奏，补仓间隙一定要大。

第三，独立思考。

做投资很容易淹没在信息的海洋里，前有经济指标，后有公司财报，左有券商 App 各类热评，右有公众号"大 V"。

因此，我们要做到听大多数人的话，采纳少数人的建议，做自己的决定。在实践中一步步完善和确立自己的投资体系。

8.4　从头再来（A 股投资总结）

在 A 股投资，都有失利的情况发生，不管是自己的大意失误还是对手太厉害。虽然无法改变对手，但是可以把自己变得更强大，方法很简单：总结经验和教训。

8.4.1　先看投资模式

这两年接触到了投资圈各种各样的人，也见识到了各种各样的收益和方法，一开始是佩服和学习，后来才学会去思考其背后更重要的事情，也就是投资模式。

大家要注意，看一个人的"深度"，不能只看只言片语，一定要尽量完整，去了解这个人整体的投资模式。

什么是投资模式呢，要至少有三项内容：一是现金流的确定性；二是收益的预期和风险的耐受度；三才是投资的体系和方法。

比如，某价值投资"大 V"，他是很多价值投资者的启蒙人，但我们一定也得理解他的投资模式，自媒体和出书可以完全保证现金流，不仅不用从投资里取钱，还可以源源不断地补仓，这才是最重要的因素。还有一个投资圈的朋友老金也是如此，他有一个净买入的理念，是指只买不卖，收集股权。这理念很棒，但它的前提一样是无限现金流，得有钱不断买入才行。

8.4.2　什么是投资体系

确定了自己的投资模式之后，就应该认真思考投资体系的事了。

一个完善的投资体系，至少包含四项内容：买什么、怎么买、拿多久、怎么卖。有了这四项内容，只算是完整的，这四项内容还必须得自洽才行。

有些人踩坑的内在原因是自身体系的不自洽，一旦突破，必然受挫。正面案例是之前提到过的长赢指数投资和唐朝的价值投资。其中，长赢在四个维度上都有明确的标准，买低估的指数、在大跌时分批买、一直拿着直到高估（按照经验一般两年左右）、高估了就分批卖出。如果要做到大跌时一直有钱买，就势必要留有足够的现金仓位，所以长赢的回撤比较小、对应的收益率不算高，但在大盘暴跌时，跌得很少。整体而言，对于波动接受度很差的投资者而言，是不错的选择。唐朝的价值投资体系，讲究能力圈，只投几个自认为能看得懂的公司，绝大部分时候满仓。公司价格比价值低时，有钱就买入，没钱就持有，一直持有直到高估了分批卖出。

8.4.3　如何面对波动

投资中需要面对的最重要的问题是波动，一般波动直接被定义为风险，风险就代表着未来的未知和不确定性，内容如下：

涨起来了，手上没股票，担心它还会继续涨，自己错过了赚钱的机会；

跌下去了，手上有股票，担心它还会继续跌，自己会越亏越多。

在价值投资的体系里，对投资标的的足够了解是直面波动的底气，买入的安全边际是前提，有资金补仓则是对抗波动的"利器"。

大数投资或者可转债轮动基本无视波动，因为足够分散，看的是整体。其中，大数投资用的是简单的策略：跌到位了，同时依然符合估值标准，直接补仓，涨到位了，果断卖出一半；可转债轮动自不必多言，只在每次轮动或者个债暴涨时进行换仓。

因此，假如前面两项投资模式和投资体系建立好了，便足够坦然面对波动。如果波动让自己十分难受，那肯定也是前面两样没做好。

反思我们的投资者，遇到的另一个大问题是：过于关注股票的小波动，而没有去完善投资体系。不知从什么地方了解一个代码后，稍加研究，可能是出于怕错过的心理，便进行了买入。之后出现了以下两种情况：

一是虽然买入之前设定了补仓的点位，但随后的波动超出了自己设定的范围，要么没钱补仓了，要么仓位打满了，没法再补，股票却还在跌。比如，南极电商、翔宇医疗等都是这种问题，可笑的是这两只都是先大涨，而后暴跌的。一开始挺开心，后来不知所措。

二是买入之前想的是下跌后补仓，但真的跌了之后，又觉得自己对这家公司了解太肤浅，无法长期持有，最后选择的是卖出，比如派克新材，70 元跌到 60 元，半年后涨到了 120 元。

如何从体系上解决波动带来的困扰呢？

只有两个方法：一是控制仓位；二是加深个股研究。其中，仓位包括整体仓位和个股仓位。整体仓位的预留保证自己能一直有钱补仓，便解决了担心还会继续跌的心态。如果是个股，仓位越高，波动对组合的影响越大，所以，对个股仓位的上限设置便是关键。大数投资非常保守和分散，个股的最大仓位是 3%。

设置个股仓位的前提，是对个股的研究和了解程度。如果足够了解、确定性足够高、安全边际也足够高，那么，提高仓位是没有问题的。反之，如果对个股的研究没有太深入，那么，最好还是尽量控制仓位。如何才叫了解呢？有一个标准，便是对于公司业绩的预判。

8.4.4　不要跟市场作对，市场永远是对的

先思考：市场是什么？市场是所有人的集合，无论在任何时候，市场的表现都是所有人共同决定的：有的人不管什么原因拿着没有买卖、有的人不管什么原因看好进行了买入、有的人不管何种原因选择了卖出，还有的人根本就不知道这家公司的股票。

虽说短期股价的涨跌就是被资金驱动的，但资金背后还是人，或者是机构，或者是游资，或者是散户，都是人。而人的想法是最不可预测的，预测短期走势最难的原因就在这里。比如，一家公司公布了年报，业绩上涨了 50%，未来几天的股价是涨还是跌？答案是不确定的，可能超出预期涨了一波，也可能不及预期反而跌了几天，毕竟这个预期是大家对公司的看法和期待。

因此，市场纯粹是一种结果，它代表的是所有人的想法，那么，它肯定是对的，而且永远都是对的。

但市场永远不会是完全有效的，此处有效的定义是：所有信息已经被所有投资者发掘，反映在股价里。因为即使现代社会信息如此发达，还是有很多人不知道很多信息，加之知道信息的早晚也不同，知道了信息后对它的看法也不同。

那么，应该如何根据市场做出自己的投资决策呢？无非以下两条思路：

一是在判断大多数人都错了时入场。

二是持有足够长的时间，经历市场的周期。

比如，长赢指数投资、基金定投、价值投资、成长股投资。这些投资方法都有一个特点：重心在于研究指数或者公司的基本情况，结合自己的资金仓位指导操作，都没有去预测短期股价的走势。

8.4.5　炒股还是投资，运气还是能力

短期靠运气、炒股赚少许钱，但长期靠运气发财则不靠谱。不过我承认：炒股如果有信息优势，确实能够赚钱，这些信息优势包括以下两个方面：

一是消息类，比如哪家公司业绩超预期，哪家公司机构要建仓。

二是自己深入研究类，比如，对财报进行了充分的分析、对业绩有把握，或是自己在这家公司或者这个行业，了解行业最新的动态。

我倾向于从以下三个方向努力：

（1）调整投资模式，留出足够的现金仓位和生活支出，保证心态的平和；投资体系以大数投资为主、个人选股为辅。

（2）关注和识别系统性的机会，比如港股打新回暖的迹象，像2021年可转债的黄金坑，A股可能出现的黄金坑等。

（3）慢慢提升个股的研究能力。